河出文庫

アメリカに潰された政治家たち

孫崎享

河出書房新社

文庫版のためのまえがき――

隷属者が隷属せざる者を排除する

陰謀論なのか？

「アメリカに潰された政治家たち」は単なる陰謀論か。

「アメリカに潰された政治家たち」という表題をご覧になって皆さんはどうお思いになりましたか。

「うん、それはありうる」

「そんなのは誇張だ。単なる陰謀論にすぎない」

政治の世界には知られていないことは極めて多いのです。

私は「日本には戦略がない」としばしば発言しているのですが、大蔵・財務省の次官をされた方に「あなたは日本の政治を現場で知らないから、戦略がないように述べているが、あのドロドロした政治闘争をみると、とても戦略がないとは言えないですよ」とたしなめられたことがあります。ときおり、政治家や官僚が「その話は墓場までもって行く」というセリフを発することがあります。時の政権などに都合の悪い話は表に出てきません。それで、何らかの契機で、政権に都合の悪い話が出ると、「それは陰謀論」と言及した人への銃弾が始まります。しかし、物事が表に出ないからといって、そうした事実がないということではないのです。

「選挙介入」ということから考えてみたいと思います。アメリカは過去外国に選挙介入をしたことがあるでしょうか。

民主主義国では、国権の最高機関が大統領であったり、国会であったりしますが、それは選挙で選ばれます。外国が選挙に介入するのは国の根幹に介入してくることです。

２０２０年10月22日、ＣＮＮは「米国家情報長官、ロシアとイランが大統領選に介入と発表」と報道しました。

では米国自体は過去、外国の選挙に介入してきたでしょうか。

２０２０年12月２日、ニューヨーク・タイムズ紙はピーター・ベナール（Peter Beinart）氏の論文を掲載しましたが、ここで、レービン（Dov H. Levin）氏の『投票箱への介入（Meddling in the Ballot Box）』を引用し、「１９４５年から１９８９年にかけ、米国は63回、外国の選挙に介入している」と記述しています。

米国やロシア等が世界各国の内政に介入してきたのは、当然の現象なのです。

世界各国に情報機関があります。

世界各国は情報機関を持っています。米国は中央情報局（ＣＩＡ）、英国は秘密情報部（ＳＩＳ、ＭＩ６）、ロシアは対外情報庁（ＳＶＲ）、かつてはＫＧＢ、イスラエルには諜報特務庁（通称モサド）があります。これらはどのような性格をもち、どのような組織をもっているでしょうか。

私は外務省で、ソ連、イラク、イランで勤務しました。当然西側の情報機関の人間に出会います。また外務省分析課長（当時は調査企画部内）、国際情報局長を務めました。

私はある時、西側の情報機関の人間に次のように問いました。

「私は外務省の人間である。あなたの国には外務省（米国では国務省）がある。同時に情報機関もある。双方とも相手国の情勢を調べ、相手国に自分たちの主張を受け入れるように働きかける。両者の違いはどこにありますか」

相手はしばらく考えていました。どの程度正直に言えばいいか逡巡していたと思います。そして彼は次のように述べました。

「あなた方外交官は、基本的に相手国の法律を守って行動します。私達は非合法（相手国の法律に違反する）、反モラル（賄賂、女性の提供等）的手段を使って行動することがあります」

私が駐イラン大使であったとき、3人の大使がイラン女性と関係を持ち、うち2名が離婚に追い込まれています。私は英国情報機関の人間と50年以上知り合っていますが、彼はある時、当時の駐ソ連大使に、ソ連赴任を断られました。後々、この大使は当時在ソ連英国大使館勤務のロシア人女性と男女関係をもち、情報機関の人間が来ると発覚することを恐れて、彼の赴任を阻止したのです。

非合法、反モラルの一番激しいのは殺人です。

「非合法、反モラル」を行なう組織が世界に厳として存在するのです。

CIAでは表に出てきている部局に特別行動部（Special Activities Division、SAD）があります。この部局は「特別行動」を担うのですが、それは非合法的活動を行なうとともに、準軍事活動も行ないます。

「非合法活動」ですから、いかなる行動をしているかは公表されません。工作に従事する人の名前は非公表です。これを公表することは犯罪となっています。

従って、一般には工作内容、工作従事者が知られない体制をとっています。しかし、公表されないことは、そうした活動が存在しないことを意味するわけではありません。

アメリカに潰された海外の政治家たち

米国が行なってきた世界での直接的、間接的殺害ないし放逐の例を見たいと思います。

（1）朴正煕大統領暗殺のケース

韓国の朴正煕(パクチョンヒ)大統領は任期が1963年12月17日-1979年10月26日です。長期政権で強固な支配体制を築いていますので簡単に排斥できません。

朝鮮戦争を経た時期の大統領ですから、成立において米国の支援がなかったことは考えられませんが、国内的に弾圧政治を行なっていました。そこに米国ではカーター大統領が人権重視の政策を推進します。ここでカーター大統領と朴大統領の対立が深刻化します。元大統領府（青瓦台）に勤務したことのある韓国大使が私に内密に話してくれた内容を紹介します。

「朴大統領暗殺前の米韓関係は大変に緊張していました。

米国が大統領府に盗聴器を仕掛けました。怒った朴大統領は在韓米国大使公邸に盗聴器を仕掛けたのです。そうしたなか、1979年6月末にカーター大統領が韓国を訪問し、協議のため、朴大統領を訪れます。ここでカーター大統領は韓国の人権抑圧に言及します。これに対し朴大統領は〝あなたの国では黒人を抑圧しているではないか〟と切り返します。怒ったカーター大統領は席を立ちます（彼はこの出来事は会見の10分以内に生じたと述べています）。カーター大統領は憤懣を駐韓米国大使にぶちまけたいと思いますが、米国大使公邸は韓国側が設置した盗聴器が稼働している可能性があります。2人を乗せた車は韓国市内をぐるぐる回っていました」

そして、１９７９年10月26日、朴大統領は側近である金載圭中央情報部部長により暗殺されました。享年61。暗殺した金載圭情報長官は翌年に絞首刑に処されます。

（２）イラクのサダム・フセインのケース

サダム・フセインはイラク戦争の中、２００３年12月13日、隠れ家の庭にある地下穴に隠れているところを見つかって逮捕され、２００６年12月30日、アメリカ軍拘置施設からイラク側刑務所に移され絞首刑による死刑が執行されました。

サダム・フセインとアメリカとの関係はどうだったのでしょうか。

私はイラク勤務をしていたとき、元バース党幹部、閣僚であった人物から次のように聞きました。

「あなたはサダム・フセインという人物がどう台頭してきたか知っているか。もともとバース党員でしたが、単なる下っ端だった。バグダッドでの暗殺事件に関与したのですが、その時も単なる見張り役にしか過ぎなかった。シリアに逃げ、エジプトに行き、ここで莫大な資金を持ってバグダッドに帰ってきた。この資金を使い、副大統領になった。では誰が資金提供をしたか。米国以外に考えられない」

まず、サダム・フセインは米国によって育てられた指導者です。イラン・イラク戦争を米国の支援によって勝利した側面があります。この時にサダム・フセインは化学兵器を使用しましたが、米国は黙認しています。

イラン・イラク戦争以降、サダム・フセインは米国の指示を受けることなく独自路線を強めすぎたのでしょう。

（３）イランのシャーのケース

イランのシャーのケースは少し複雑です。

国王としての在位は１９４１年９月－１９７９年２月です。

国王の在任中、モサデク首相が１９５１年に石油国有化を進めソ連に接近します。１９５３年にＣＩＡとＭＩ６の支援でクーデターが起き、モサデク首相は失脚し、シャーは権力を回復します。

しかし、１９７０年代の石油価格の高騰で、イランの財政が潤い、シャーは独自の行動をとり始めます。

ここで西側諸国はシャーの排除を決めます。

米国はイランの中の民主化運動を支援し、国民の反シャー運動を盛り上げます。米国はシャー打倒に向かうため、反対勢力の支援を行ないます。ＣＩＡ等は、革命後米国と対峙することになる宗教家ホメイニとも接触します。そして、重要なポイントですが、米国が育ててきた軍、秘密警察に民衆の革命の動きが出ても動くなとの指示を行ないます。

隷属体質国ニッポン

日本の代表的なケース、田中角栄潰しに米国は関与したのでしょうか。それを示す米側の資料はあるのでしょうか。

戦後「アメリカに潰された政治家たち」がいるとすれば、その筆頭は田中角栄元首相でしょう。田中角栄元首相はロッキード事件で逮捕され、結局政界からの引退を余儀なくされました。では、このロッキード事件の背景にアメリカの関与があったでしょうか。

「うん、それはありうる」

「そんなのは誇張だ。単なる陰謀論にすぎない」

実は、これに回答を与えているのは中曽根元首相です。政治家は引退した後、自叙伝を書くことが多いのですが、「その話は墓場までもって行く」という姿勢から、自叙伝で重要事件の核心に言及することはありません。そうしたなか、中曽根元首相の『天地有情』（１９９６年、文藝春秋）は日本政治に切り込んだ自叙伝としては類まれな素晴らしい本です。その中に次のように書いています。

「キッシンジャーは私が首相を辞めた後ですが、『ロッキード事件は間違いだった』

とひそかに私にいいました。キッシンジャーはロッキード事件の真相については、かなり知っていたのではないでしょうか」

ロッキード事件は闇の事件ですから、当事者でなければ、「真相についてかなり知る」ことはできません。「間違いだった」というのは、自らの関与への反省の言葉です。

「アメリカに潰された政治家たち」からわかる日本の特徴はどこにあるでしょうか。アメリカは世界各地で自分たちに好ましくない政治家を潰してきました。しかしそれは何も米国だけの行動ではありません。冷戦時代、米国と対峙したソ連も同様にふるまっています。最も代表的なのは「チェコ事件」でしょう。

1968年1月、チェコスロバキアでドゥプチェクが共産党第一書記に就任し、プラハの春」と呼ばれる政治改革を行ないました。これを好ましく思わなかったソ連は8月20日にソ連軍戦車を侵入させ、チェコスロバキア全土を占領下に置き、結局1969年4月、ドゥプチェクは辞任に追い込まれます。

ただ、世界全体への影響力という意味では米国が圧倒的に大きく、それに伴って、米国が好ましくない人物の排除に動いたケースは圧倒的に多くなります。

そうした中で日本の特色は何でしょうか。

まず、日本は第二次大戦後、米国の意向によって動かざるをえない国になります。

日本は１９４５年９月２日「日本国政府の命に依り」重光葵（まもる）が、「大本営の命に依り」梅津美治郎が降伏文書に署名します。

ここにはすごい文言が入っています。

「聯合国代表者が要求することあるべき一切の命令を発し、一切の措置を執る」

日本には天皇も総理大臣もいますが、彼らは連合国代表のすべての命令を実行することを約束しているのです。

そして、日本では「公職追放」と「財閥解体」が行なわれました。この時期は食料不足で餓死する人も出るくらいです。米国に隷属すれば職がもらえる、隷属しなければ職がなく、食べ物すら自由に手に入らない。そして多くの人が隷属する道を選択しました。政治家も、官僚も、学者も、報道人も、裁判官もです。そして独立した後も、大きい変動はなく、隷属する体質はそのまま継続します。

しかし、当然隷属を潔しとしない人々が出てきます。その時、米国はこれらの人々を「好ましくない人物」と位置付けます。そうすると、隷属してきた政治家、官僚、学者、報道人、裁判官等が自分たちの基盤を脅かす人物として、彼らの排除に動くのです。

つまり、日本社会はどの国にも増して、「隷属を潔しとしない人々」を潰すシステムができているのです。

ではこれから、具体的に「アメリカに潰された政治家たち」を見ていきたいと思います。

二〇二一年二月

アメリカに潰された政治家たち

◉

目次

第2章 田中角栄と小沢一郎はなぜ葬られたのか 85

第3章　**戦後最大の対米追随政権**　147

アメリカに潰された政治家たち

序章…………

官邸デモの本当の敵

「日本国総理大臣」は誰が決めるのか

皆さんは、「日本の総理大臣」は誰が決めているのか、ご存知でしょうか？

こんな質問をしたら、「バカにするな！」「孫崎は何を言っているんだ？」と言われてしまうかもしれません。

日本は議院内閣制で、総理大臣は、国会議員による投票で決まります。その国会議員は国民による選挙で選ばれます。一般的には、もっともたくさんの国会議員を抱える第一党の党首が首相に就任することが多いので、国民は間接的に総理大臣を選んでいることになります。

しかし、現実はどうでしょう。

国会議員はいざ当選してしまえば、その後は本人の自由な意思で行動します。党内に派閥やグループを作り、利権を求めて、特定の業界やその管轄省庁、あるいは特定の〝国〟と深い関わりをもつ議員も出てきます。国民による直接投票で選ばれる大統領制と違い、国民の意思と切り離された国会議員によって選出される日本の首相は、民意と無関係に決まったり、その座を追われたりすることがあります。要するに、特定の業界・省庁や〝国〟などの圧力や誘導で、首相は決められるということです。

たとえば、直近（２０１２年）の総選挙では、鳩山由紀夫代表が率いる民主党が勝利して、鳩山は総理大臣に就任しました。間違いなく、鳩山は国民が選んだ首相です。

では、その鳩山は国民の意思によって官邸から去ったのでしょうか。

鳩山政権が力不足だったことは確かです。ですが、鳩山辞任の理由が何だったかといえば、米軍普天間飛行場の「県外・国外移設」を実現できなかったことです。

そこで質問ですが、在日米軍基地が「未来永劫（えいごう）、沖縄にあり続けるべきだ」と考える国民はどれだけいるでしょうか。そう考える人は極めて少数派でしょう。それなのに鳩山は「県外・国外移設ができなかった」という批判を浴びて、辞任しました。国民の多くが望む政策を実行しようとした首相が、なぜかそれを理由に指導者の座を追われるという〝不思議な政権交代〟が起きたのです。

そして、その後の菅政権や野田政権は普天間基地の移設について口をつぐみ、ついには重大事故の危険性が懸念される輸送機「オスプレイ」の沖縄配備まで現実のものとなりました。

しかし、いったいいつ、国民は菅や野田を選んだというのでしょうか。なぜ彼らになったのか、国民にはさっぱりわからないのです。

この政権交代の背後でどんな力学が働いたのか、誰にも明確な説明はできないでしょう。ただ、誰がこの政変で一番得をしたのかは、はっきり答えが出ています。

安全保障政策の障害となる鳩山政権を潰し、沖縄県民のみならず日本国民の反対を無視して動く政権が誕生したことで最大の利益を得たのは、アメリカです。

国民の与り知らぬところで何かが起き、いつのまにか総理の首がすげ替えられることは日本ではよくあります。しかも、政権が代わるたびに日本におけるアメリカのプレゼンスが増大しているのです。日本の戦後史はその繰り返しだったと言ってもいいでしょう。

そして、そのときに失脚した政治家は、おしなべてアメリカを激怒させる〝虎の尾〟を踏んでいました。

日本で繰り返されてきたこの歴史を紐解くうえで、極めて重要な鍵になるのが、実は現在起きている「官邸デモ」です。これはただのデモではありません。アメリカの言いなりになり続けてきた戦後60年の間に、溜まりに溜まった歪みが限界を超え、国民の怒りが暴発したデモなのです。

官邸デモが突きつける「野田政権打倒」

じりじりと照りつける強い日差しのなか、官邸前に集まった数万人もの市民が「再稼働、反対！　再稼働、反対！」と声を上げ続けています。

２０１１年3月11日、日本は有史以来の大災害に襲われました。東日本を襲った地震と大津波は、2万人もの死者と行方不明者を出し、10数メートルの巨大津波により福島第一原発はメルトダウンを引き起こす大事故となりました。

この事故の衝撃も冷めやらぬなか、野田政権は12年6月16日、大飯原発3号機、4号機の再稼働を決定します。3月ごろまで、官邸前デモの参加者は数百人程度でしたが、政府が安全確認も済んでいない大飯原発の再稼働をゴリ押ししたことがきっかけとなり、7月、8月には運動に共感する人々が続々と加わって規模が膨れ上がり、デモのエネルギーは高まるばかりです。いまだ収束する気配は見えず、政府はこの大きなうねりを止めることができなくなりつつあります。

運動参加者の訴えも、当初は「原発再稼働反対」だったのが、「消費増税反対」「オスプレイ配備反対」へと広がりを見せています。脱原発デモは、徐々に現政権に対して「ノー!」を突きつける「野田政権打倒デモ」へと姿を変えつつあるのです。（野田内閣は2012年年末に総辞職し、民主党政権は終わった。）

私と同年代の人々は、このデモをかつて見た光景として懐かしく感じる方も多いようです。日本ではこういった大規模デモが久しく起きていなかったので、若い人たちはご存知ないかもしれませんが、1960年に大規模な反政府デモが起きました。60年安保闘争です。

1951年に、サンフランシスコ講和条約と同時に日本とアメリカの間で締結された旧日米安全保障条約の改定に際し、条約破棄を求める反政府運動が巻き起こり、数十万人もの人々が国会議事堂と首相官邸を包囲し、「安保反対」「岸政権打倒」のシュプレヒコールをあげました。新安保条約は自民党の強行採決により可決されましたが、ときの岸信介内閣は総辞職に追い込まれたのです。

現在の官邸前デモには、60歳以上の高齢者の姿も目立ち、かつて60年安保闘争に参加されていた方も多いのかもしれません。

しかし、今回のデモは60年安保とは、本質的にまったく異なるものです。

1960年安保闘争との違い

60年安保闘争と現在の野田政権打倒デモは、反政府デモという意味では同じですが、中身はまったく異なります。

60年安保闘争では、運動に参加している人たちの多くは日米安保条約の条文など詳細には読んでおらず、冷戦下の世界情勢のなかでどのような意味をもつのかも充分に理解していませんでした。運動は組織化され、学生は主催者が用意したバスに乗り込み、労働者は労働組合の一員として参加し、女子学生が亡くなったことで激化しました。

安保闘争の初期は新聞等のマスメディアも運動を支持していましたが、1960年6月17日、朝日、読売、毎日等新聞7社が「その理由のいかんを問わず、暴力をもちいて事を運ばんとすることは、断じて許されるべきではない」という異例と言える「新聞七社共同宣言」を出すと、運動は急速に萎んでいったのです。

一方、今回のデモでは、参加者は地下鉄でふらっと来て、デモに参加して、ふらっとそのまま帰る。２０１０年から中東チュニジアの「ジャスミン革命」やエジプトの革命では、フェイスブックやツイッターなどのSNSをベースにして運動が拡大していきましたが、それとよく似たことがこの日本でも起きています。ひとりひとりが個人の判断で入ってきているわけです。

さらにデモという形態は同じでも、個人の動機が相当違います。どちらかというと物事をクールに懐疑的に捉える人たち、新聞の報道をそのまま受け取らない人たち、誰かに動かされることをもっとも嫌がる人たちが、自分の判断で運動に参加し、自分から発言しています。何も知識がないまま「原発反対」「オスプレイ配備反対」「消費増税反対」といっているわけではなく、よく理解したうえでの行動なのです。デモは組織に動かされているわけではないので、急速に萎むことも考えられません。

原発依存も１９６０年に始まった

もう一つ、今回の反政府デモには、60年安保闘争とは決定的に異なる点があります。実はそれこそが、私が本書で皆さんにお伝えしようと思った最大のテーマです。

私は66年に外務省に入省しました。そして、英国陸軍学校に派遣されてロシア語を学んだことがきっかけで、西側陣営から「悪の帝国」と呼ばれたソ連に5年、「悪の枢軸」と呼ばれたイラクとイランにそれぞれ3年ずつ勤務し、外交官としては極めて貴重な体験をさせてもらいました。

帰国してからは情報部門を歩き、情報部門のトップである国際情報局長も務めました。02年からは7年間、防衛大学で教授として教鞭を取り、戦後の外交史を研究する機会をもち、現在はみずからの体験と外交史の研究をもとに著作活動を行なっています。

私は著書『戦後史の正体　1945－2012』（創元社）で、日本の戦後史を、アメリカからの強大な圧力に対して盲目的に追随する「対米追随」路線と、アメリカとは距離を置いた独自路線を志向する「自主」路線のせめぎ合いで読み解きました。対米追随路線と自主路線は具体的にどこが違うのでしょうか。

たとえば、沖縄の普天間基地問題を例にとれば、「普天間基地は住宅の密集地にあって危険なので、県外または国外へ移設してもらうようアメリカに要求していこう」というのが自主路線で、「アメリカは普天間基地を辺野古に移転するのが望ましいと考えている。アメリカの意向に反すればどんな報復をされるかわからない。言う通りにしよう」とするのが対米追随路線と言われる立場です。この二つの外交路線の相克が、日本の戦後史の骨格となっているのです。

しかし、せめぎ合いといっても、現実には日本の外交史は、自主路線の敗北の歴史と言っても過言ではありません。自国の利益のために日本を意のままに操ろうとするアメリカは、表からさまざまな圧力をかけるだけでなく、裏からも諜報機関が工作を仕掛け、自主路線の芽を摘んできたのです。

戦後の政治家の中でも、重光葵(まもる)や芦田均、鳩山一郎、石橋湛山(たんざん)、田中角栄、小沢一郎、鳩山由紀夫ら、自主路線を貫こうとした政治家の多くは、アメリカの裏工作によってパージされてきました。同様に、外務省や大蔵（財務）省、通産（経産）省のなかで自主路線を目指した官僚も、アメリカの顔色を窺う首相官邸から放たれた矢によって倒れ、現在では対米追随路線が圧倒的な主流となっています。

原発の再稼働を画策し、アメリカに言われるままオスプレイ配備を許容し、ＴＰＰにも参加しようとしている現在の野田政権は、対米追随路線の完成形と言えるのです。

この対米追随への流れを決定づけたのが、実は60年安保闘争でした。これについては次章で詳しく述べますが、安保反対運動に参加されていた労働者や学生は、真の意味での「アメリカからの独立」を希求し、運動に身を投じました。ですが、その行動は結果的に、在日米軍のありようを改めさせることを意図して自主路線を目指した岸信介首相を失脚させ、皮肉にもその後の対米追随路線を決定づけ、加速化させてしまいました。安保闘争はアメリカの裏工作に利用されただけだったのです。

思い起こせば、日本で最初の商用原子力発電所である東海発電所の建設工事が着工したのも1960年です。その後、福島など全国各地に原発が建設されていきました。60年は日本に〝原発依存〟が組み込まれた年でもあるのです。日本の原発とアメリカに何の関係があるのかと思うかもしれませんが、もともと日本の原子力推進政策は、1954年にアメリカがマーシャル諸島のビキニ環礁で実施した水爆実験で第五福竜丸が被曝したことで、核実験反対運動が拡大し、日米関係に亀裂が生じたことから始まりました。毒をもって毒を制するという論法でアイゼンハワー大統領により「原子力の平和利用」が掲げられたのです。

現在においてもオバマ大統領は、スリーマイル島の事故以来止まっていた原発の新規建設を30年ぶりに再開し、推進路線を堅持しています。つまり、日本が原発を再稼働しないと、アメリカのエネルギー政策にも影響を及ぼしかねないので、米政府は日本の選択を警戒しているのです。

しかし、今起きている官邸デモは、60年安保と似ていると言われながら、本質的にはまったく異なるものです。デモ参加者のなかには、嘘をついて騙し続けてきた既存政党やマスコミに対する怒りのエネルギーが満ちています。

今回のデモは組織化された運動ではなく、個人が自らの意志でやっていることなので、最終的に政権を倒すところまで行き着くのかは現時点ではわかりません。ただ、仮に政権交代が起きたとしても、政府の対米追随の姿勢が継続されるのであれば、彼らはいつまでも「ノー！」と叫び続けるでしょう。60年安保闘争のような挫折と終息はないのです。（事実、その後の安倍政権下でも、反政府官邸デモは継続された。）

60年安保闘争でセットされた対米追随が行き着くところまで行き着いた今、人々の怒りがそれをリセットしようとしています。「アメリカに潰された政治家たち」の代わりに、群衆が直接アメリカにNOを突きつけ始めている。私たちは、日本の歴史の大きな転換点に立っていると言えるのです。

次章以降では、アメリカへの従属から逃れるために反旗を翻した「自主路線」の政治家や官僚が、いかにしてアメリカによって失脚させられ、日本が対米追随の道を歩んできたかを論じていきます。

本書はこれまでの私の著書と違い、私が話した内容をまとめる〝語り下ろし〟で構成することにしました（もちろん、内容を理解するうえで重要な史料の記述、人の発言は、正確に引用しています）。さらにご理解いただきたい点として、この本には『戦後史の正体』と重複する記述が多々あります。現状を理解するためには歴史の理解が必要です。まだ『戦後史の正体』をお読みになっていない方にも、歴史の大きな流れを把握していただきたいと考えました。

この日本で過去において何が起きたのか、そして、これから何が起きるのかを見定めるうえで、本書が一つの指針になることを願っております。

●第1章…………

岸信介と安保闘争の真相

1．安保闘争神話の大ウソ

「岸信介＝対米追随」の誤り

今から半世紀以上前にも、首相官邸をデモ隊が取り囲んだことがありました。１９６０年6月、連日にわたって国会議事堂や首相官邸を取り囲んだ数十万人の労働者や学生らは、「日米安保条約の改定阻止」と「岸信介首相の退陣」を要求して、シュプレヒコールを上げました。この「60年安保闘争」は、これまでの日本の歴史において、もっとも大規模な反政府、反米運動と言っていいでしょう。

１９６０年6月15日、全学連の学生約７０００人が国会構内への突入をはかり、警官との間で乱闘になりました。この騒乱のなかで東大の女子学生、樺美智子さんが圧死する痛ましい事件が起きました。樺さんの死によって、それまでまったくデモに参加しなかった無数の人々が続々と運動に加わり始めます。安保闘争は6月18日にピークを迎えました。国会・官邸前デモは、主催者発表で計33万人、警視庁発表で約13万人という規模にまで膨れ上がったのです。

しかし、これほどの反対運動にもかかわらず、5月20日未明に衆議院で強行採決された新安保条約案は、参議院の議決がないまま6月19日に自然成立し、批准を阻止することはできませんでした。

一方で、この混乱の責任を取って岸信介内閣は7月15日に総辞職します。この運動は、もともとは日米安保改定阻止から始まりました。しかし、運動が盛り上がっていく過程で徐々に、A級戦犯として訴追されながら政界へ復帰し、〝昭和の妖怪〟とまで呼ばれた岸信介の政権を打倒することへ目的が変質していきました。そのため、岸内閣の退陣により、ある種の達成感が生まれ、急速に運動は萎んでいくのです。

強行採決という方法を取ってまで新安保条約を成立させた岸信介という人は、対米追随路線の政治家だったと世間一般では考えられています。確かに、ここで批准された新安保条約は、その後の50年間、「アメリカに従属する形での日米関係」の基礎となりました。ここから対米追随が固定化されたと言っても過言ではありません。

しかし、岸に対するこの解釈は別の側面を見落としています。60年安保闘争の裏では、表で起きていた事件からは想像もつかない暗闘が繰り広げられていたのです。それを解き明かすことで、実は、今この時代に日本で何が起きているのか、なぜ打倒野田政権を叫ぶ官邸前デモが起きているのかが見えてくるのです。

「アメリカは自分の力を借りに来る」

ここでは、その暗闘を、岸信介を主人公としてストーリーを語ることで、明らかにしていこうと思います。

まず岸信介とはどんな人だったのでしょうか。

岸は東京帝国大学法学部を卒業後、1920年に農商務省に入り、1936年に満州国にわたり、国家運営の要職を歴任しました。1941年には東条英機内閣に商工大臣として入閣。日米開戦時の大臣であり、戦時中は物資動員の責任者も務めました。

そのため、岸は1945年9月11日にA級戦犯として逮捕され、巣鴨拘置所に拘置されます。戦犯として有罪判決を受けて処刑されるのを待つだけの身に置かれていたのです。

巣鴨に拘置されている間に、岸がとんでもない切れ者だったことを示すエピソードが残されています。

岸が拘置所内で書いた『巣鴨獄中日記』(現在、『岸信介の回想』文春学藝ライブラリー、に収録)の1946年8月10日のページには、こう記されています(口語訳)。

「パリ講和会議におけるソ連外相モロトフと米国国務長官バーンズの対立は、冒頭の演説からたがいの悪口の言いあいとなった。ソ連の機関紙『プラウダ』は『バーンズの挑戦』という見出しをつけ、全ページを使ってその全訳を掲載し、国民の注意を呼び起こそうとした。（略）ソ連は平和会議をわざと長びかせ、そのあいだにバルカン半島や地中海方面に勢力を伸ばしてしまおうという計画を立てており、一日も早く平和的な国際関係を樹立しようと望む米国や英国とは完全な対立関係にある」

終戦から約1年が経過した日で、冷戦という言葉もまだなかったころの日記ですが、岸はこの時点ですでに、米ソ冷戦の予兆に気づいているのです。

さらに、『岸信介証言録』（中公文庫、原彬久編）には、巣鴨拘置所内に収監されていた当時の心境がこう述べられています。

「冷戦の推移は、巣鴨でのわれわれの唯一の頼みだった。これが悪くなってくれば、首を絞められずに（死刑にならずに）すむだろうと思った」

米ソの冷戦が深刻化すれば、自分の命は助かるだろうと予見しているのです。

当時の日本は、終戦直後で経済も崩壊し、皆食べるのに精いっぱいの状態で、一般の日本人は海外の動静など知る由もありません。まして東西冷戦が始まりつつあることを知っていた人はほとんどいませんでした。

それにもかかわらず、岸は拘置所にいながら、「アメリカとソ連の対立が深まれば、アメリカは日本を利用するために、自分の力を借りに来るだろう」と正確に予測し、そこに望みを託しているのです。〝昭和の妖怪〟とまで称される岸の凄みの片鱗が、ここに現れています。

現実は岸の読み通りに進みます。

ソ連との対立が深まるまで、アメリカの世界戦略の目的は「ドイツと日本が二度と立ち上がれないように抑え込むこと」で、対日政策は徹底的に軍事と経済（工業）を解体し、民主化を促進することとなっていました。

1945年11月に、日本の戦時賠償を調査するため訪日した賠償委員会のE・W・ポーレー委員長は、「日本人の生活水準が、朝鮮人、インドネシア人、ベトナム人より上であっていい理由はなにもない」とまで述べています。国内の重工業、軽工業の工場は解体して、機械類を東南アジア各地に移転・売却する計画もあり、日本の国力を東南アジア諸国より下の水準にまで抑え込む予定だったのです。

第二次大戦後のアメリカの安全保障政策に多大な影響を与えたジョージ・ケナンは、『アメリカ外交の基本問題』（岩波書店、松本重治編訳）で次のように述べています。

「マッカーサー元帥は1948年になってもなお、日本列島に恒久的あるいは長期にわたってアメリカが軍隊を維持しておくことは、日米いずれの安全のためにも必要ないという見解をとっていた。マッカーサー元帥の考えでは、日本に一番ふさわしいあり方は、国連およびアメリカの好意による一般的な保護のもとに、恒久的な非武装、中立の状態に立つことだった」

占領時代、連合国最高司令官として日本に君臨したマッカーサー元帥は、「長期にわたって米軍を日本に駐留させる必要はない」と考えていました。

歴史に〝たられば〟がないのは承知していますが、あえてその禁を犯して言うなら、冷戦がこれほど早くから深刻化しなければ、あるいは朝鮮戦争が起きなければ、岸はA級戦犯として処刑されていたはずです。そして、米軍は日本から早期撤退していたはずでした。

しかし、アメリカの戦略目的が冷戦の勃発によって「ソ連と対抗すること」に変化すると、アメリカは対日政策を180度転換し、「日本の経済力・工業力を有効利用する」という方針に変更しました。

占領地で次々と共産政権を築くソ連への対抗は急を要する事態でした。そのため、戦時中の指導者を含む戦犯らが次々に釈放され、岸信介も1948年12月24日に釈放されます。サンフランシスコ講和条約の発効にともない、政治家や将校たち25万人以上の公職追放が解除され、岸も政治的権利を回復しました。

占領終結後の1952年10月に行なわれた最初の国会議員選挙では、衆議院の議席の42％を追放解除者が占めることになりました。

岸は1952年4月に、「自主憲法制定」「自主軍備確立」「自主外交展開」を掲げて日本再建連盟を設立し、会長に就任します。その後、自由党に入党し、公認候補として衆議院議員に当選しました。しかし、対米追随路線を進む吉田茂首相と衝突し、自由党から除名され、1954年に鳩山一郎とともに日本民主党を結党し、幹事長に就任します。そして、同年12月、吉田茂の「バカヤロー」発言で内閣総辞職、鳩山一郎内閣が誕生し、翌年2月の総選挙で日本民主党が第一党となり、改めて岸が幹事長を務める鳩山一郎内閣が発足しました。

ここで注意していただきたいのは、岸はこの段階からすでに明確に「自主路線」を志向していることです。しかも、対米協調を基本とする吉田茂に反発して党を割っています。

安保という不平等条約

新たに誕生した鳩山内閣は、ソ連との国交回復を政権の最重要課題としながら、同時に日米間の重要課題として、「防衛分担金」の負担軽減を掲げます。

当時の日本の国家予算は1兆円以下ですが、そのなかから在日米軍維持費に毎年550億円も支払っていました。日本にとっては極めて重い負担だったのです。なぜこのようなことになったのかというと、鳩山一郎の前の吉田首相が、アメリカからの要求を無抵抗に受け入れていたからです。

鳩山内閣は防衛負担金削減を目標に掲げただけでなく、実際に行動しました。日本側代表の重光葵外相がアリソン駐日大使と交渉し、1955年4月15日に「分担金を178億円減額し、その分を防衛予算増額に充当する」という日米合意を勝ち取ったのです。日本の国家予算の2％近い額の削減に成功したわけです。

鳩山内閣の次の目標は、日本に駐留している米軍そのものの削減でした。しかし、米軍の削減は分担金減額に比べればはるかに難題でした。

というのも、冷戦の深刻化によってますます日本に駐留する米軍の存在は重要になっていたからです。そもそもアメリカが日本を占領した目的は、「日本国内に自由に軍隊を置くこと」で、1951年に、吉田茂が密室で調印した「旧安保条約」第1条にはこうあります。

第1条「アメリカ合衆国の陸軍、空軍および海軍を日本国内およびその附近に配備する権利を、日本国は、許与し、アメリカ合衆国は、これを受諾する」

アメリカは軍隊を日本国内に自由に配備する権利がある、としています。極めて不平等な条約と言わざるを得ませんが、それでもアメリカに対して「米軍の削減」を要求するということは、アメリカの権利を侵害することになるのです。

その交渉には大変な覚悟が必要だったのでしょう。鳩山首相は、重光外相に河野一郎農林相、岸信介民主党幹事長を加えた政界の大物3名をアメリカに送り込みます。

ジョン・フォスター・ダレス国務長官との会談は1955年8月に米国務省で行なわれ、詳細は公式発表されていませんが、共同コミュニケでは次のように述べられています。

「西太平洋における平和と安全を確立するため、努力すべきことについて一致した。このような諸条件が実現された場合には、現行の安全保障条約をより相互性の強い条約に置きかえることを適当とすべきことについても意見の一致をみた」

ただ、会談の成否は、どのような合意に達したかで評価する必要があります。日米で合意した事項は以下の通りです。

「現行の安全保障条約を別の条約に置きかえることを適当とする」

外交的勝利と呼んでいいでしょう。

日本国内に米軍を自由に置けるとする不平等な条約は、いずれ改定するという約束を取り付けたのです。将来の安保改定に道筋をつけたという意味で、高く評価すべきことです。この合意を勝ち取ったメンバーに岸信介が入っていたことも忘れないでください。

この会談の後、日本の政界は新たな局面を迎えます。同年10月13日に左派と右派に分裂していた社会党が再統一し、11月15日には、岸が「二大政党制」を唱えて主導し、自由党と日本民主党が合併して自由民主党が誕生しました（保守合同）。これが以降70年近く続く、いわゆる「55年体制」の成立です。

岸信介CIA工作員説の真相

実はこの政界の動きには、アメリカの諜報機関CIAが密かに関与していました。米国のジャーナリスト、ティム・ワイナーは、著書『CIA秘録』（文春文庫、藤田博司他訳）で、アメリカのダレス国務長官は自由民主党結党の3か月前に、岸信介・日本民主党幹事長に会い、「もし日本の保守政党が一致して共産主義者とのアメリカの戦いを助けるなら、（経済的）支援を期待してよい」と明言したと述べています。実際に自民党に対しては、1960年代までCIAを通じて政治資金が提供されていたことも米公文書で明らかになっています。自由党と日本民主党が合併した保守合同の裏にはCIAの存在があったのです。

CIAから日本の政党と政治家に対し提供された資金は、毎年200万ドルから1000万ドル、受け取り手の中心は岸とされていました。当時、アメリカは岸という政治家を高く評価していたのです。

このことをもって、岸信介という人は長らく「CIAのエージェント（工作員）だ」「対米追随路線だ」と信じられてきました。

しかし、これまで見てきたように、岸は極めて非凡な切れ者であること、政界復帰した時点から明確に自主路線を歩んできたこと、そして、旧安保条約を改定する道筋をつけたことから考えれば、そのレッテルが間違いであることがわかります。むしろ、アメリカに資金を出させながら反米路線を突き進むという、非常にしたたかな戦略をもっていたと考えられるのです。

いよいよ舞台は、1960年の日米安保改定に移ります。

鳩山内閣の後を継いだのは石橋湛山で、岸とともに吉田茂に反発して自由党を除名された一人です。彼もまた自主路線の代表的な政治家です。組閣後、石橋は「自主外交の確立を期す」という談話を発表し、初の記者会見では「アメリカのいうことをハイハイ聞いていることは、日米両国のためによくない。米国と提携するが向米一辺倒ではない」と述べています。実際に1947年の占領時代に大蔵大臣だった石橋は、アメリカに対して米軍の駐留費削減を要請したこともあります。

アメリカ側が警戒するのも当然で、実はアメリカは、石橋ではなく岸が首相になることを望んでいました。春名幹男著『秘密のファイル』(新潮文庫)には、1956年12月に国務省北東アジア部長のパーソンズが、イギリスの外交官宛の秘密電報内で本音をこうもらしたと書かれています。

「今後、日本との間にかなりのトラブルが起こるだろう」

「石橋は有能だが強情で、占領中に追放されたという個人的屈辱をのりこえられずにいる」

「対中国貿易と沖縄問題に不安がある」

「しかし、岸が石橋にブレーキをかけることができるだろう。いずれ、最後には岸は首相になれるだろうし、われわれがラッキーなら、石橋は長つづきしない」

アメリカ側は、岸を高く評価し、岸が石橋を止めてくれると期待しているわけですが、驚くことに、パーソンズが「石橋は長つづきしない」と宣言した通りのことが起こります。

石橋は、就任2か月後に肺炎で倒れてしまうのです。職務の継続が不可能になり、首相を辞任するのですが、主治医は「肺炎の症状は消えて回復の途上にある。肺炎以外の病気は心配ないが、体重の減り方が肺炎でやせたものとしては理解できない」との談話を発表しています。しかし、石橋が亡くなったのはその15年後の88歳。首相辞任の後、意外にも長生きしているので、この病気はなんだったのかと思いたくもなります。

石橋内閣に外務大臣として入閣していた岸は、石橋の退陣を受け、1957年2月に全閣僚を引き継ぎ、外相兼任のまま、第56代内閣総理大臣に就任しました。

岸は政権の座に就くと、内閣の総力を挙げて安保改定に動きだします。当時の政権運営を振り返り、岸はこう述べています。

「(質問者：3年5か月つづいた岸内閣ですが、総理在職中の全仕事をもし10とするなら、安保改定にかかわるお仕事にどれくらいの精力をさいたとお考えですか)

そうね。7ないし8くらいに相当するよ。

2年前の重光とダレスの会談で、アメリカ側は重光の安保改定提案にハナも引っかけないような態度だったから、それを口説いて安保の変更を彼らに実現させるのは、よほどの決意とよほどの力を用いなければならなかったわけです」(『岸信介証言録』)

岸は、重光とダレスの会談で、ダレスのあまりにそっけない態度に衝撃を受けていました。だからこそ、相当の決意がなければ安保の改定は不可能だと認識していました。まさに政治生命を賭けた闘いだったのです。

証言はさらに続きます。安保改定で障害になったことについてこう述べています。

「党内を固めることが必要だったのです。国会の方はどうせ野党の連中は反対する。デモがあっても、一部のグループがやったにすぎないから大したことはなかった」(同前)

振り返ってもなお、政権を潰したデモより、岸は党内対策が一番大変だったと述べています。党内の吉田茂の流れを汲む対米追随派の抵抗は強力で、その闘いに精力を注がなければならなかったのです。

対米追随の基礎を作った吉田茂

世間での一般的なイメージは、「吉田茂はアメリカと対等に渡り合った宰相」とされていますが、現実にはまったく正反対の政治家でした。表向きは対等を装いながら、ただアメリカの言いなりで、いわば戦後の対米追随路線の基礎を作った人と言えます。

首相就任2か月後の参議院内閣委員会で、岸は「日米安保条約、日米行政協定は全面的に改定すべき時代にきている」と宣言します。後で述べますが、ここで岸は旧安保条約だけでなく「日米行政協定」にも言及していることを覚えておいてください。

岸は安保改定の交渉を進めるため、まずマッカーサー駐日大使（マッカーサー元帥の甥）と会談し、次のような考えを述べます。

「駐留米軍の最大限の撤退、米軍による緊急使用のために用意されている施設付きの多くの米軍基地を、日本に返還することなども提案した。

さらに岸は10年後には沖縄・小笠原諸島における権利と権益を日本に譲渡するという遠大な提案を行なった」（『岸信介証言録』）

在日米軍の削減だけでなく、沖縄・小笠原諸島の返還にまで踏み込んでいるのです。

同年6月には訪米し、ダレス国務長官に次の点を主張します。

「抽象的には日米対等といいながら、現行の安保条約はいかにもアメリカ側に一方的に有利であって、まるでアメリカに占領されているような状態であった。これはやはり相互契約的なものじゃないではないか」(同前)

岸の強い態度に今度は逃げられないと思ったのでしょうか。ダレスは「旧安保条約を新しい観点から再検討すること」に合意します。

ここから岸がとった戦略は次のようになります。

先ほど、岸は旧安保条約だけでなく、「日米行政協定」にも触れていると述べました。行政協定というのは、条約に付随し、政府が立法機関である国会の承認を必要とせずに、外国と締結できる協定のことです。

旧日米安保条約は5条から成りますが、基本的には抽象的な理念が述べられているに過ぎません。一方の日米行政協定は29条から成り、在日米軍や分担金、裁判権などに関する具体的な取り決めはこちらに記されています。

日米行政協定にはこう書かれています。

「日本国は合衆国に対し、安全保障条約第一条にかかげる目的の遂行に必要な施設および区域(=基地)の使用を許すことに同意する」

「日本国および合衆国は、(略)前記の施設および区域を日本国に返還すべきこと、または新たに施設および区域を提供することを合意することができる」

アメリカは日本国内に自由に基地を設置できるが、返還については「合意することができる」と言っているだけで、嫌なら合意しないだけの話です。

本丸は「行政協定」にあるのです。

岸は「二段階論」を考えていました。つまり、安保条約を改定して、その後、行政協定を改定する方針です。行政協定は国会の承認が不要ですし、条項の多さを考えれば、この方針は理に適っています。安保条約を改定した後、米側と「在日米軍削減」について、じっくりと協議すればいいのです。

ところが、この方針に真っ向から反対したのが、池田勇人（国務相＝副総理級）、河野一郎（総務会長）、三木武夫（経済企画庁長官）の3人で、全員が「同時大幅改定」を主張したのです。しかし、行政協定まで同時に大幅に改定することは、現実問題として実現不可能でした。

なぜこの3人は岸に無理難題をふっかけたのでしょうか。

それは池田勇人のその後の行動を見ればよくわかります。

岸内閣で、旧日米安保条約と日米行政協定は、新日米安保条約と日米地位協定に改定されましたが、日米地位協定の改定内容は小幅に留まり、ほぼ旧行政協定を踏襲するものになりました。

では、岸が退陣した後、首相を引き継いだ池田勇人は、新たな不平等協定である日米地位協定を改定しようとしたかと言いますと、まったくしていないのです。世間の目を欺くために「同時大幅改定」という耳触りのいいプランを掲げ、その実、難題をふっかけて岸政権潰しを意図していたのです。

池田勇人は対米追随路線の政治家でした。次項で詳しく述べますが、CIAや駐日アメリカ大使から〝日米協力の忠実な信奉者〟と評された人で、実際に工作も受けていました。三木武夫も占領時代からアメリカに太いパイプをもっていた人でした。

その当時、自民党は衆議院で288議席という圧倒的多数を占め、37議席の民社党も岸首相に協力すると伝えていました。客観的に見れば、新安保条約の批准は、本来、何の問題もなくすんなり通っていてもおかしくなかったのです。安保騒動を招いたのは、実はこういった自民党内部、それも対米追随派による遅延妨害が原因でした。

そもそも安保闘争という政治活動には、いまにして思えば、おかしな点がいくつもあります。岸は安保闘争運動を軽く見ていましたが、彼の予想を超え、異様な盛り上がりを見せます。

60年安保闘争を率いたのが全学連（全日本学生自治会総連合）ですが、この運動を主導していた西部邁(すすむ)は『60年安保―センチメンタル・ジャーニー』（文春学藝ライブラリー）で次のように述べています。

「総じていえば、60年安保闘争は安保反対の闘争などではなかった。闘争参加者のほとんどが国際政治および国際軍事に無知であり無関心ですらあった」

安保条約に関してまったく無知のまま闘争に参加していたという記述には驚きを禁じえませんが、岸が退陣すると急速に運動が萎み、後を継いだ政治家が、安保条約や地位協定を放置していても、政治的には問題にならず、総選挙にも影響を与えなかったことを見れば、西部の言葉にはうなずけます。

安保闘争を工作したのは誰か

闘争の当初のターゲットは安保条約だったのに、いつのまにか岸打倒へと変質していくのです。それを陰で〝工作〟した者がいると、私は分析しています。

安保闘争を指揮していたのは全学連という学生の左翼運動団体で、全学連の中心にはブント（共産主義者同盟）という組織がありました。これは全学連の学生の中から共産党とケンカ別れした者らが作った組織です。当然、共産党からの資金提供は途絶え、当時の活動家の証言によると、安保闘争の前まで書記局には電話が1台しかなく、その電話代の支払いにさえ窮していたとされています。

ところが、安保の最盛期になると、当時のお金で都電のチャーター料は1台５００0円、バスは1台７０００円したにもかかわらず、早稲田大学からの動員ではデモ１回に20台、30台もチャーターして学生を送り込むようになるのです。逮捕者が何十人にも増えていくと、必要な保釈金も膨れ上がっていきます。カンパや上納金でとても賄えるレベルではないのですが、急に金回りがよくなっているのです。

元全学連財政部長、東原吉伸は『60年安保とブント（共産主義者同盟）を読む』（情況出版）でこう述べています。

「『どのような色がついていようが金に変わりはない。必要な資金を調達すること』、これが方針であった」

東原や同じく元書記長の島成郎は、右翼活動家の田中清玄と接触して、資金提供を受けます。田中は電力業界のドン、松永安左エ門（電力中央研究所理事長）のほか、製鉄、製紙、新聞など多くの業界の有力者を紹介していきます。

右翼である田中がなぜ全学連を支援したのかというと、本人は「左翼勢力が共産党の下でまとまったら大変だから、内部対立をめざした」「岸内閣をぶっつぶすためだった」と後に語っていますが、どこか説得力に欠け、何かを隠しているように見えます。

もう一つの謎は、財界のトップから資金が出ていることです。なぜ学生運動に財界が手を貸したのでしょうか。

実際に財界から資金提供を受けたと証言しているのが元全学連中央執行委員の篠原浩一郎で、『60年安保　6人の証言』（同時代社）でこう述べています。

「財界人は財界人で秘密グループを作っていまして、今里広記・日本精工会長さんたちが、とにかく岸さんではダメだということで岸を降ろすという勢力になっていたんですね。（中略）田中清玄は財界人と手を組んで、今里さんや中山素平・日本興業銀行副頭取なんかといっしょにやっていました」

財界は、学生たちの純粋な情熱を、〝岸降ろし〟に利用したということです。しかし、謎はまだ残ります。財界には岸を失脚させなければならない理由はどこにもないのです。元A級戦犯の岸が暴走して日本が軍国化することを危惧したという説がありますが、むしろどこの国でも産業界は軍国化を後押しするものです。

ここで私が注目するのは、中山素平と今里広記の二人です。彼らは経済同友会の創設当初からの中心メンバーですが、経済同友会は戦後すぐの1946年に設立された親米路線をとる若手経営者のグループです。特に中山素平は、興銀の調査部長・復興金融部長だった時代に、興銀を廃止しようとするGHQに対して交渉し、存続を認めさせています。その意味ではアメリカに借りがあり、しかも太いパイプをもつ人物と言ってもいいでしょう。

経済同友会といえば池田勇人の首相時代を支えた財界四天王のひとり、フジテレビ初代社長の水野成夫も経済同友会で幹事を担っていました。池田勇人は大蔵官僚出身で石橋政権時代から岸内閣でも大蔵相だったこともあり、財界とは密接な関係を築いていました。

国際政治という視点から見れば、CIAが他国の学生運動や人権団体、NGOなどに資金やノウハウを提供して、反米政権を転覆させるのはよくあることです。〝工作〟の基本と言ってもよく、大規模デモではまずCIAの関与を疑ってみる必要があります。

1979年のイラン革命、2000年ごろから旧共産圏で起きたカラー革命、アメリカから生まれたソーシャルメディアを利用したつい最近の「アラブの春」など、アメリカの関与を疑わざるを得ない例はいくらでもあります。

岸政権打倒のシナリオ

確証があるわけではありませんが、私が考えた一番ありうるシナリオは、次のものです。

1、岸首相の自主自立路線に気づき、危惧した米軍およびCIA関係者が、政界工作を行なって岸政権を倒そうとした。

2、ところが、岸の党内基盤および官界の掌握力は強く、政権内部から切り崩すという通常の手段が通じなかった。

3、そこで経済同友会などから資金提供をして、独裁国に対してよくもちいられる反政府デモ後押しの手法を使った。

4、ところが、6月15日のデモで女子東大生が死亡し、安保闘争が爆発的に盛り上がったため、岸首相の退陣の見通しも立ったこともあり、翌16日からはデモを抑え込む方向で動いた。

安保闘争がピークに達した6月17日に、一斉に「暴力を排し議会主義を守れ」と「七社共同宣言」を出した新聞7社も、当然のことながらアメリカの支配下にあったことは疑いようがありません。こんなことができるのはアメリカしかないからです。これについてはこの章の最後で述べることにします。

岸が軽く見ていた60年安保闘争は、外部からの資金供給によって予想以上の盛り上がりを見せ、岸はそれに足をすくわれることになりました。

岸の望んだ形ではなかったかもしれませんが、それでもこのとき締結された新安保条約は、旧安保条約に比べて優れている点がいくつかあります。

第1条には「武力による威嚇または武力の行使を、いかなる国の領土保全または政治的独立に対するものも、また、国際連合の目的と両立しない他のいかなる方法によるものも慎むことを約束する」とあり、武力の行使に「国際連合の目的」という枠をはめました。

第5条では「日本国の施政の下にある領域における、いずれか一方に対する武力攻撃が、自国の平和および安全を危うくするものであることを認め、自国の憲法上の規定および手続にしたがって共通の危険に対処するように行動する」とし、日本国内であれば日本は米軍が攻撃されたときも共に行動することを約束しています。

これらは旧安保条約にはなかった概念です。

一方で、安保条約と同時に、日米行政協定は日米地位協定へと名称を変えて締結されましたが、「米軍が治外法権をもち、日本国内で基地を自由使用する」という実態は、ほとんど変わっていません。岸が本当に手をつけたかった行政協定には、ほとんど切り込めず、しかもその後60年にわたって放置されてきたのです。

いわば60年安保闘争は、岸ら自主路線の政治家が、吉田茂の流れを汲む対米追随路線の政治家とアメリカの反政府デモ拡大工作によって失脚させられ、占領時代と大差ない対米従属の体制がその後の日本の歴史にセットされた事件だったと言えるのではないでしょうか。

しかし、岸は改定された安保条約に、将来の日本が自主自立を選べるような条項をしっかりと組み込んでいました。

60年安保改定で、安保条約は10年を過ぎれば、1年間の事前通告で一方的に破棄できるようになったのです。自動継続を絶ち、一度破棄すれば、条約に付随する日米地位協定も破棄されることになります。おそらくここには自主路線の外務官僚も一枚かんでいたのでしょう。必要であれば、再交渉して新たな日米安保条約を締結し直せばいいわけです。

将来において岸のような強靭な意志をもつ自主路線の政治家が現れれば、安保条約を一新することは決して不可能ではないのです。

岸はこう述べています。

「政治というのは、いかに動機がよくとも結果が悪ければダメだと思うんだ。場合によっては動機が悪くても結果がよければいいんだと思う。これが政治の本質じゃないかと思うんです」（『岸信介証言録』）

CIAから巨額の資金援助を受け、アメリカから期待されながら、反逆の狼煙（のろし）をあげた岸の生き様が、この言葉には表れています。

2. 岸信介とCIAの暗闘

CIAは岸を警戒していた

岸という人は、これまで世間ではまったく誤解されてきましたが、アメリカからの自立を真剣に考えた人でした。アメリカを信用させ、利用しながら、時期を見計らって反旗を翻し、自主自立を勝ち取るという戦略に挑みました。その意志に気づいたアメリカ側は、「岸降ろし」を画策し始めます。

では、日本が安保闘争で揺れていた時代、アメリカ側では何が起きていたのでしょうか。今日では、さまざまな資料から、当時のアメリカの様子が窺えるようになっています。

岸が第一に採った戦略は、アイゼンハワー大統領と直接的な関係を築くことでした。岸は1957年6月に訪米して、アイゼンハワー大統領を表敬訪問しています。ここでアイゼンハワーは岸をゴルフに誘います。ダレス国務長官はゴルフをやりません。

このときの様子を岸はこう述べています。

「ワシントンのヴァーニングトリーという女人禁制のゴルフ場にいったのです。プレーのあと、ロッカーで着替えをすることになって、レディを入れないから、みな真っ裸だ。真っ裸になってふたりで差し向かいでシャワーをあびながら、話をしたけれど、これぞ男と男のつきあいだよ」（『岸信介の回想』文春学藝ライブラリー）

こういった裸のつきあいは外交上でも大きな意味をもちます。このゴルフ以降、岸は大統領との直接的なつながりをもち、非常に親密な関係を築くことに成功しました。

それまで、日米関係はダレス国務長官が牛耳っていましたが、岸がアイゼンハワーと数時間の間でもダレス抜きで直接言葉を交わし、個人的な関係でつながったので、それ以降、ダレスは岸にあまり強く切り込めなくなったのです。現実の外交の現場では、こうした人間的なファクターが影響することは、意外に多いものなのです。

しかし、いくら大統領の支持を得て、ＣＩＡから資金提供も受けていようとも、徐々にアメリカ側は岸の真意に気づき始めます。期待を裏切って、対米自主路線を突き進む岸に対して、アメリカは慌てます。その様子が当時のさまざまな記録から見えてきます。

アメリカの歴史学者マイケル・シャラーは、安保闘争から岸退陣までの経緯について、著書『「日米関係」とは何だったのか』（草思社、市川洋一訳）にこう記しています。

「日本の騒動を議論するため、（1960年）5月31日に国家安全保障会議が開かれた。CIAの代表のアモリーは『一般国民は岸に対する信頼を失っている、自民党のライバルたちは岸の交代を望んでいる。彼らは安保条約に本質的に反対していない』と報告した。

国防省と統合参謀本部は、日本に太平洋でのより一層の軍事的協力を要求しようと提案した。アイゼンハワー大統領は、日本の状況を考えると、いまは日本の軍事的役割に文句をいう時期ではないとのべた」

ここからはCIAや国防総省が岸を警戒し、交代を望んでいることが見てとれます。自民党のライバルたちは、基本的に安保条約に反対していないので、交代させたほうがいいと考えていたようです。

国防総省と統合参謀本部は、日本に対してより一層軍事的に協力させようという立場でしたが、岸を信頼している大統領がそれを諫めているようにも読めます。

さらにこんな記述もあります。

「6月8日の国家安全保障会議でCIA長官は『日本のために望ましいのは岸が辞任し、できれば吉田に代わることだ』とのべた」

「CIAは自民党に対する財政的影響力を利用して、早急に岸をより穏健な保守党の政治家に代えようとした」

ＣＩＡは、60年代に至ってもなお、日本の首相には吉田茂が望ましいと考えていました。アメリカにとって理想的な首相は、相変わらず吉田だったのです。

もう一つ注目していただきたいのは、「自民党に対する財政的影響」を駆使して、岸を交代させようとしたということです。ＣＩＡは資金提供の停止をチラつかせてまで、自民党に首相交代を迫ったわけです。

その後、マッカーサー駐日大使は吉田茂と面会します。

「６月20日、吉田がマッカーサー（大使）と会ったとき、吉田が暫定的に岸に代わってはどうかという提案を退け、池田か佐藤が望ましいとのべた」

「６月21日、池田はマッカーサーに、吉田の指示を得て、近いうちに岸の後を継ぐことにしたいとのべた。マッカーサーは池田を日米協力の忠実な信奉者であり、岸の最善の後継者だと評した」

吉田茂はマッカーサーに対し、自分ではなく、いわゆる「吉田学校」の門下生である池田勇人を推薦しています。マッカーサー大使も池田を「日米協力の忠実な信奉者」と評価しています。アメリカに対して自国の首相を「この人でいいですか」「この人は忠実な下僕ですよ」とお伺いをたてているわけです。

現実に、岸首相が辞任すると、１９６０年７月19日に池田勇人内閣が誕生します。

アメリカの意向通りにことが進んでいるのです。これではアメリカが日本の首相を決めていたも同然ですが、それほど日本の政界の中に対米追随路線がはびこっていたことの証明とも言えるでしょう。

ちなみに、2012年7月に公開された外交文書でも、岸の「自主」志向と、アメリカとのせめぎ合いが明らかになっています。

1967年3月25日付の極秘文書では、首相辞任後の岸信介とマクナマラ米国防長官の会談の内容が残されています。

岸はこう言います。

「沖縄の返還は現地住民のみならず日本国民を挙げての悲願。今後どのくらいの期間米国は沖縄に基地を保有する必要があると思われるか」

対してマクナマラは、

「米国と政治的関係で協同しつつ、軍事面にもこれを及ぼさんとすることに日本が賛成なら、われわれは沖縄にとどまるであろうが、しからざれば引き揚げる。日本は将来アジアで今の米国に比べたはるかに大きな役割を果たすべきだ」

と述べ、日米同盟における日本の軍事的役割強化を訴えています。二人の議論はかみ合っていませんが、首相を退いてなお、米軍基地撤退への岸の執念が感じられます。

(では、岸信介の孫である安倍晋三前首相は、岸のこのような面を理解していたでしょうか。理解していなかったと思います。誰かが安倍首相〔当時〕に私の見解を伝えたところ、「変なことを言う人がいるね」という反応だったそうです。岸は「両岸の岸」と言われたように、単純な人物ではありません。彼の「両岸」を理解する必要があります。）

「中国との関係改善」は虎の尾

しかし、なぜ岸はこれほどアメリカから警戒され、嫌われたのでしょうか。

実はアメリカの〝虎の尾〟は、「在日米軍の撤退」以外にもう一つあります。「日本と中国の関係改善」です。

日米戦争が勃発したのは、日本が中国大陸に侵攻して利権を独り占めにしようとしたことが一つの原因です。第二次大戦が終結した後、中国は共産主義国になり、ソ連と国交を結んでしまったために、結局、アメリカは中国に手を出せなかったのです。

日本にとって中国は隣国なので、日本国内には常に中国との関係改善をめざし、利益を得ようとするベクトルが存在します。

しかし、アメリカは中国を潜在的なライバルとみなしており、中国が共産主義的な色彩を帯びたときは封じ込めようとし、軍事力が強くなれば対抗しようとしてきました。

中国をめぐっては、日米対立が起きやすい構造があるのです。

対米自主路線の石橋湛山も、中国を重視していました。ロバートソン国務次官補が東京を訪問したときに、石橋は「日本が中国について、アメリカの要請に自動的に追従していた時代は終わった」と語っています。それゆえにアメリカは警戒し、米国務省北東アジア部長のパーソンズが1956年12月にイギリスの外交官宛に送った秘密電報には、石橋について、「対中国貿易と沖縄問題に不安がある」と記されていたのです。その石橋は首相就任からたった2か月で、病気を理由に退陣しています。

岸首相も中国との関係改善には前向きでした。しかし、岸はかつて満州国の経営にあたり、日中戦争時代に閣僚も務めていたので、当の中国は激しく反発しました。A級戦犯として訴追された人なので、当然といえば当然の反応です。

そこで岸は中国政策を「政経分離」でいくと明言しました。政治については厳しい姿勢で臨むが、経済の関係は発展させると宣言したわけですが、もちろんそれはアメリカの望む方向ではありません。

1957年6月のアイゼンハワー表敬訪問でも、岸は中国問題を討議しています。「アイゼンハワーは岸に、日中貿易の増大をはかるようすすめていたが、ダレスは（略）中国に言及するかわりに、日本が世界との『貿易の増大』を必要としていることを認めるという、穏やかな表明にすることを主張した」（『「日米関係」とは何だったのか』）

アイゼンハワー大統領は岸に対して理解を示していますが、やはりダレス国務長官が反対していたのです。

それでも岸は、中国との関係改善に突き進みます。1957年7月、岸内閣は「中国への貿易を規制する中国特別措置を遵守することはできない」と表明。翌年3月には、中国との間で「第四次日中民間貿易協定」を結び、民間通商代表部の設置に合意します。日中貿易の拡大に進み始めるのです。

ところが、同年5月2日、「長崎国旗事件」が起きます。長崎市内の百貨店催事場で、日中友好協会主催による「中国切手・切り紙展覧会」が開かれていましたが、右翼団体に属する青年が乱入し、会場の天井に吊るされていた五星紅旗を引きずり下ろしたのです。この青年に対する処分が軽かったことに中国政府が激怒し、当時進められていた対中鉄鋼輸出の契約も破棄されるなど日中交流はストップしてしまったのです。

日本人の多くは「岸信介は右翼だ」と考えていますが、国旗を引きずり下ろして岸の政策の邪魔をした人は右翼です。戦後は、親米右翼が勢力を伸ばしていたのです。

実は岸の後を継いだ池田政権も、対中貿易を拡大しようとしています。1962年11月に、日本側代表の高碕達之助と中国側代表の廖承志（リャオ・チョンジー）の間で、「日中長期総合貿易に関する覚書」（両氏の頭文字をとって「LT協定」と呼ばれる）が締結され、翌年から日中貿易が始まります。

こうした日本の動きにアメリカは不快感を示します。同年9月に、ハリマン国務次官補は「自由世界との貿易発展のための大きな機会が日本と西側諸国のあいだに存在しているが、中国との交際はこの機会を危うくする」と牽制し、ケネディ大統領も同年12月の日米経済合同会議の席上で、「今日、我々が直面している重要な問題は、中国における共産軍の増大である。日本は同盟国として何ができるのか」と問い質しました。

対米追随路線の池田首相でも、対中国の関係改善を図ろうとすると、アメリカの逆鱗に触れてしまうのです。中国問題で、日本が独自に先行することはアメリカにとっては許しがたい行為なのです。

「在日米軍の削減」と「中国との関係改善」という二つの〝虎の尾〟を踏んだ岸に対しては、アメリカが総攻撃をかけて、政権の座から引きずり下ろしたということが、これで納得いただけるのではないでしょうか。

第2章で詳しく述べますが、田中角栄が失脚させられたのも、アメリカを出し抜いて日中国交正常化を実現したことが一つの原因でした。鳩山由紀夫首相も「東アジア共同体構想」で中国重視の姿勢を示していました。

中国問題が相変わらずアメリカの〝虎の尾〟であることは、現代においてもなんら変わっていないのです。

（たとえば2020年7月、産経新聞は「米有力研究所が安倍首相側近を〝対中融和派〟と名指し」との標題の下、「米国の有力政策研究機関『戦略国際問題研究所』（CSIS）が米国務省の支援で7月下旬に作成した報告書に安倍首相の対中政策を大きく動かす人物として今井尚哉首相補佐官の名前が明記されていることが明らかになった。報告書は、今井氏が長年の親中派とされる自民党の二階俊博幹事長と連携し、『二階・今井派』として首相に中国への姿勢を融和的にするよう説得してきたと指摘。米側の日本の対中政策への警戒として注視される」と報じています。不思議に安倍首相は退陣し、今井氏の影響力も少なくなりました。）

3. メディア・官僚の対米追随体制

メディアも岸政権打倒に加担した

岸政権打倒のために、アメリカが工作を仕掛けていた先は、政界だけではありません。マスメディアに対してもさまざまな工作の痕跡が残されています。

60年安保闘争が収束していったのは、デモがピークに達した6月17日、新聞7紙（産経、毎日、東京、読売、東京タイムズ、朝日、日本経済）に、「七社共同宣言」が載ったことがきっかけでした。「暴力を排し議会主義を守れ」という標題のもと、7紙が一斉に「その理由のいかんを問わず、暴力をもちいて事を運ばんとすることは、断じて許されるべきではない」との内容の宣言を出したのです。

当時、安保闘争に関わっていた人々の多くが、この6月17日の七社共同宣言で流れはすっかり変わったと述懐しています。

一般的に世間では、60年安保闘争の激化は新聞等のマスコミが煽った結果だと考えられています。当初、新聞は「安保反対」「岸政権打倒」の論調を掲げていたのに、突然、「反対デモは暴力行為で許さない」と宣言したため、冷や水を浴びせられたような印象を受けた人も少なくありません。

しかし、当時の新聞報道を検証していくと、少々異なる事実が見えてきました。実際に新聞には全般的に「安保反対」と「岸政権打倒」の論調が溢れていました。ただ、安保騒動が激しくなるにつれ、徐々に「岸政権打倒」に傾いていきます。安保反対というシングルイシューだったのが、マルチイシューに変わり、末期は岸政権打倒というシングルイシューに転換しているのです。

さらに、こうした記事は報道面を中心に掲載されてはいるのですが、新聞社としての主張を述べる社説では、異なる論が展開されていました。

当時の朝日新聞を例にとってみましょう。

1960年5月は国会で安保条約の審議が行なわれていた最中ですが、なぜか朝日新聞の社説では、安保自体の是非についてほとんど議論されていません。かろうじて触れているのは、5月13日付「最終段階に入る安保審議に望む」、同月17日付「会期延長しかない」くらいですが、国会での手続きの問題を論じているだけです。ただし、21日付では「岸退陣と総選挙を要求す」と、岸の退陣について言及しています。

その一方で、デモに対しては批判的です。同月22日付「デモの行き過ぎを警戒せよ」、同月26日付「節度ある大衆行動を」、同月28日付「ふたたびデモに節度を求む」と、デモを抑え込もうとする姿勢で一貫しています。

要するに、報道面で日米安保反対を着火剤としてデモに火をつけ、運動が拡大していくとテーマを徐々に岸政権打倒へ転換していき、その一方で社説ではデモを抑え込んでバランスを取り、岸を倒すという目的を果たしたら、七社共同宣言で終息させるというプロセスがそこにはあったかのように見えます。安保闘争をコントロールしようとする何者かの意志が感じられるのです。

論説主幹とアメリカとの関係

では、誰が利用しようとしていたのでしょうか。新聞社自身なのか、日本の政治家なのか、あるいはアメリカなのか。

それはこの一連の報道に関わった人物を調べていけば、おのずと見えてきます。

七社共同宣言を書いた中心人物は、朝日新聞の論説主幹、笠信太郎です。笠は次のような経歴の持ち主です。

彼は朝日新聞のヨーロッパ特派員としてドイツにわたった後、1943年10月にスイスへ異動、ベルンに滞在し、その地に滞在していたアメリカの情報機関OSS（CIAの前身）の欧州総局長だったアレン・ダレス（安保闘争時のCIA長官で、ダレス国務長官の弟）と協力して、対米終戦工作を行ないました。戦後は1948年2月に帰国して、同年に論説委員となり、東京本社の論説主幹となっています。

笠は、安保闘争と同時期にCIA長官を務めた人物と、非常に密接なつながりをもっていたということです。

さらに、冷戦が始まり、アメリカが日本に「共産主義に対する防波堤」の役割を求めはじめたころに帰国して、1962年までの14年間、朝日新聞の論説主幹を務めていました。

早稲田大学の有馬哲夫教授はアレン・ダレスの伝記を書いていますが、そのなかで、ベルンで展開された対米終戦工作で、日本人とアレン・ダレスの間に築かれたチャンネルは、「のちにアレンがCIA副長官、次いで長官になったときに大きな役割を果たした」（『アレン・ダレス』講談社）とも書いています。CIAによるマスコミ工作の実態の一部がここに見えてくるのです。

アメリカと新聞社幹部のつながりと、圧力については、歴史学者シャラーの『「日米関係」とは何だったのか』にも記述があります。

「マッカーサー駐日大使は日本の新聞の主筆たちに対し、大統領の訪日に対する妨害は共産主義にとっての勝利であると見なすと警告した」

「（CIAは）友好的な、あるいはCIAの支配下にある報道機関に、安保反対者を批判させ、アメリカとの結び付きの重要性を強調させた」

「三大新聞では政治報道陣の異動により、池田や安全保障条約に対する批判が姿を消した。七月四日の毎日新聞は『アメリカの援助が日本経済を支える』という見出しで、『日本の奇跡的な戦後の復興を可能にした巨大なアメリカの援助を忘れてはならない』とのべた」

マッカーサー駐日大使が、日本の新聞社の主筆に対して恫喝する様子が書かれ、なおかつ、はっきりと「ＣＩＡの支配下にある報道機関」と書かれています。日本のメディアはアメリカにコントロールされていたのです。

これを見れば、朝日の笠信太郎など、各新聞の主筆や論説主幹たちが、マッカーサー駐日大使やＣＩＡの意向をうけ、途中から安保反対者を批判する側に回ったと見ていいでしょう。当初は日本の自主自立を掲げて安保反対に回っていた新聞社が、「アメリカに感謝せよ」とまで主張を変えていることには唖然とします。

私は最近、この当時の新聞社の内部事情に詳しい人と話をする機会がありました。その人はこう語っています。

「七社共同宣言を境に、朝日新聞や毎日新聞では、安保反対の記事を書いていた記者らが次々に地方へ転勤させられていきました」

自主路線を志向する記者たちは粛清され、中央に残ったのは対米追随派の人間ばかりになったのです。

朝日新聞や毎日新聞は、戦後、リベラル勢力の中心的な存在でした。しかし、6月17日の七社共同宣言を境に組織も変質し、両紙の性格も変わっていきました。それはアメリカの圧力によってもたらされたものだったのです。

アメリカによる官僚支配

民間企業である新聞社に対してでさえ、アメリカはこのように圧力をかけて、意のままに操ろうとするのです。当然のことながら、日本政府の官僚に対しても、表から裏から圧力をかけ、意に沿わない者は排除して、目的を達しようとします。

もちろん、その当時には、日本の官僚にも自主自立を強く希求する人々がいました。たとえば、外務官僚だった吉沢清次郎（1948年に外務次官就任）は、日米行政協定について次のように書いています。

「日本政府はできるだけNATO加盟国間に調印された『外国軍隊の地位に関する協定』の程度にまでもっていこうとしたが、米国は日本側の希望に応じられないとした」（『日本外交史29　講和後の外交』鹿島平和研究所編）

米軍は、ドイツやイタリアでは、基本的に相手国の法律を守って行動することになっています。一方で日米行政協定では、米軍は日本の法律を守る必要がなく、基地の運営上必要であれば、何でも自由にできることになっていました。ですから、当時の外務官僚はヨーロッパ並みに改善したいと交渉していたのです。

しかし、極端な対米追随路線を取り、アメリカの言いなりだった吉田茂首相のもとでは、政治の支援が受けられず、まったくもって不可能でした。対米追随路線の政治家が圧力をかければ、官僚の意見を封殺することなど簡単です。

当時から脱米国の主体になっていたのは外務省で、対米追随派が勢力を拡大するなかでも脈々とその血は流れていました。

私も東京新聞（２０１０年1月27日付）のスクープで知ったのですが、１９６９年に外務省内で「わが国の外交政策大綱」と題された極秘文書が作成されていました。

「わが国の外交政策大綱

昭和四四年九月二五日　外交政策企画委員会（抜粋）

•わが国国土の安全については、核抑止力および西太平洋における大規模の機動的海空攻撃および補給力のみを米国に依存し、他は原則としてわが自衛力をもってことにあたる（こと）を目途（＝目標）とする。

●在日米軍基地は逐次（＝少しずつ）縮小・整理するが、原則として自衛隊がこれを引きつぐ。

●国連軍（国際警察軍）、国連監視団に対する協力をする。状況が許せば平和維持活動のため自衛隊派遣を実施するよう漸進的に準備を進める。

●軍縮においては、日本が米国の走狗（＝使い走り）であるとの印象をあたえることの絶対ないよう配慮する」

この外交政策企画委員会の中心にいたのは、斎藤鎮男（外務省官房長、駐インドネシア大使、駐国連大使）で、文書は外務省の次官や審議官、局長など要職に就く人々によって作成されました。残念ながら、この文書は公表されず、密かに参加者の胸の内にしまわれました。

外務省の中枢から出てきた文書に「在日米軍は逐次、縮小・整理する」「米国の走狗にならない」との文言が出ていることに、驚かれた方も多いのではないでしょうか。あまりにも現在の外務省の方針とは違いすぎるからです。

外務省の内部では、対米追随路線が次第に大きな勢力を占めるようになり、こうした自主路線の官僚は少数派になっていきます。

日米間で貿易摩擦が激しかった80年代に、こんなことがありました。アメリカでは「日本はアンフェアだ」との大合唱が続いていたので、経済部門のある官僚がアメリカでの講演で、「米国内では日米貿易は不公平だとの論があるが、それは間違っている」と証拠をあげて反論をしたのです。

すると、アメリカの関係者がすぐに日本の閣僚に対して「彼はこんなけしからん発言をしている。日米関係のためにならない」と抗議してきました。その閣僚は、彼を褒めるどころか、官房長に対して、彼がどんな発言をしたのか調査するよう要求してきたのです。

日米交渉の最先端でアメリカと交渉していた大蔵省の知人も、当時を次のように振り返っています。

「アメリカと交渉をする。今度は勝てるかもしれないとがんばる。途端に後ろから矢が飛んでくる。振り向いて見ると首相官邸からだ。『もうそれ以上主張するのはやめておけ』。そんなことが何回あったかわからない」

対米自主派官僚は消えた

日本では、自国の自主自立を主張した官僚に対して首相官邸から矢が飛んでくるのです。

身内から足をすくわれるのが常態化していけば、必然的に自主路線を志向する官僚が減っていくのは当然です。

特に、91年の湾岸戦争のころから、対米自主派はほとんど姿を見なくなりました。それまでは、たとえアメリカからの圧力があっても、日本の政治家から否定されても、少なくとも自分たちがベストと信じる案を考えるという姿勢があったのですが、それも失われていくのです。

その流れが決定的になった事件が、03年のイラク戦争でした。

アメリカは、「イラクが大量破壊兵器を保有」し、「9・11同時多発テロを起こしたアルカーイダを支援」し、いつか「世界に攻撃を仕掛ける」という理由を挙げ、03年3月20日、イラクに総攻撃を開始。まもなくサダム・フセイン政権を崩壊させました。しかし、その後もイラク側の抵抗が続き、米軍の駐留は11年12月まで9年近くに及びました。そのなかで、アメリカは日本に対して、自衛隊の派遣を要求してきたのです。

私はイラク戦争開戦の15年ほど前、1980年から1988年に起きたイラン・イラク戦争のさなかに、イラクに勤務していましたので、サダム・フセインに関してはかなりの情報をもっていました。外務省時代には国際情報局長を務め、駐イラン大使も経験しています。

私が出した結論は「イラクは大量破壊兵器をもっていないし、アルカーイダの支援もしていない」でした。この読みは私だけに限らず、イラクを研究してきた者のほとんどがそう判断しています。実際、04年にはアメリカの公的機関が調査した結果、どちらも否定しているのです。

当時、私は、官僚や経済界の知り合いに、「米国のイラク攻撃の根拠は薄弱です。自衛隊のイラク派遣は絶対にやめたほうがいい」と進言しました。しかし、経済官庁出身の先輩からこう言われました。

「孫崎、君の言い分を経済界の人たちに話してみたよ。みな、よくわかってくれた。でも彼らは『事情はそうだろうけど、日米関係は重要だ。少々無理な話でも、協力するのが日本のためだ』という。まあ、そういうことだ。説得はあきらめたほうがいい」

官僚の間でも、経済界でも、すでに「間違いだとわかっていてもアメリカに協力するのが日本のためだ」とする考え方が一般的になっていました。外務省のなかでも、ロジックの小異があっても大筋はアメリカと一体というスタンスで、すべてが動くようになっていました。

対米追随はここまできているのです。

アメリカは日本の国益などどうでもいい

私にはもう一つ忘れられない事件があります。１９９９年から02年まで、私は駐イラン大使を務めました。このとき、もっとも気を使ったのは、アメリカとの関係です。日本はエネルギー供給のほとんどを海外に依存しています。ですから、産油国のイランとは緊密な関係を築きたいわけですが、一方でアメリカにとってイランは反米路線を進む油断のならない国なのです。

当時、私はイランのハタミ大統領を日本に招待する計画を進めていました。招待を決めたのは高村正彦外務大臣で、私はそのプランの実現に向けてイラン側と折衝をしていました。

しかし、その後、高村外相は内閣改造で外務省を去り、そこから外務省内の風向きが変わっていきます。アメリカからの圧力で、計画に反対する声が強まってきたのです。

それでも私は外交官としての経験を駆使し、ハタミ大統領の訪日を実現しました。このときに、日本は、推定埋蔵量２６０億バレルという世界最大規模とされるイランのアザデガン油田の開発権を獲得することができたのです。非常に大きな経済上、外交上の成果と言えます。

ところが、それに対してアメリカは「日本がイランと関係を緊密にするのはけしからん。アザデガン油田の開発に協力するのはやめろ」と圧力をかけてきました。

このときはなんと、チェイニー副大統領自身が先頭に立って、開発権の獲得に動いた日本人関係者をポストから排除しているのです。ＣＩＡならありうることですが、まさか副大統領が出張ってくるとは思いもよりませんでした。それも、首相や外相などに対する政治レベルでの圧力だけでなく、現場で動いていた人たちを排斥するように圧力をかけてきたのです。

この事実を知ったとき、背筋が凍るような思いがしました。

アメリカからの圧力によって、結局、日本はイランの油田の開発権を放棄することになったのです。しかも、信じられないことに、日本が放棄した油田の開発権は、その後、中国が手に入れました。こんな馬鹿げた話があるでしょうか。

私がかつてイランのラフサンジャニ元大統領と話をしたとき、彼は「アメリカは馬鹿だ。日本に圧力をかければ、漁夫の利を得るのは中国とロシアだ。米国と敵対する中国とロシアの立場を強くし、逆に同盟国である日本の立場を弱めてどうするのだ」と言っていましたが、まさにその通りになったのです。

この油田開発権放棄から言えるのは、「アメリカは日本の国益などどうでもよく、単に自分たちの都合で日本を利用したいだけなのだ」ということです。

思い返せば、サダム・フセインもアメリカの都合に振り回された人でした。イラン・イラク戦争のときは、イランが戦争に勝って影響力が拡大することを恐れたアメリカから、軍事的な支援を受けていました。アメリカから寵愛されていると勘違いしたフセインは、「アメリカは参戦しない」と信じてクウェートに侵攻しました。しかし、アメリカは増長する者は必ず切り捨てます。フセインは湾岸戦争、イラク戦争という2度の戦争で打ちのめされ、最後は処刑されました。

政治家でも官僚でもメディアでも、「アメリカは日本を守ってくれる」「アメリカに従うことが日本の国益にかなう」と無邪気に信じ、盲目的な対米従属を志向する人間が圧倒的な主流になってしまいました。

元外務次官の柳谷謙介は「俺は次官の時には、辞表をいつもポケットにいれて仕事をしていた」と言っていました。官僚は国益を中心に物事を考えますが、官僚が正しいと考えるロジックと政治家が正しいと考えるロジックは、必ずしも一致するとは限りません。そのすり合わせができなかったときは、辞表を叩きつけるのだ、という気持ちで仕事をしていたとおっしゃっています。実際、私もそういう気持ちで仕事をしていました。しかし、今の官僚にはこういった気概はないと思います。

アメリカに従属するのが本当に国益に合致することなのでしょうか。本当にアメリカは守ってくれるのでしょうか。

自主路線から対米追随路線に転換し、それが基本路線としてセットされたのが60年安保闘争だったことをこれまで見てきました。しかし、その流れに乗ってしまったことで、いつのまにか私たちは、自ら生み出したアメリカに対する幻想に縛られて、現実が見えなくなっているように思えます。私たちは今一度、「アメリカは不要になれば切り捨てる」という現実に目を向けるべきなのです。

●第2章…………

田中角栄と小沢一郎はなぜ葬られたのか

1. 田中角栄が踏んだ「本当の虎の尾」

角栄はなぜ狙われたのか

戦後の日米外交史は、対米追随路線と自主路線の相克という視点で語ることができますが、60年安保闘争以降、日本の外交は対米追随に大きく傾倒してきたことは前章で述べました。

岸信介がアメリカからの圧力で失脚した後、アメリカに従属しておくことが日本の国益であるとする考え方が支配的になっていくなかでも、その流れに逆らい、自主自立を貫こうとした政治家はいました。田中角栄や小沢一郎、鳩山由紀夫などです。意外かもしれませんが、竹下登なども、おそらく排斥されたグループに入るでしょう。

そういった政治家のなかでも「アメリカによって政治的に葬られた人は誰か」とたずねたときに、おそらく一番に挙げられる名前がやはり「田中角栄」でしょう。

しかし、彼が行なった施策の何がアメリカの逆鱗に触れ、どのようにして失脚させられたのかとなると、はっきり答えられる人は少ないのです。

田中角栄の例は、アメリカによる謀略がどのように行なわれるのかを知るうえで、格好のテキストになりますので、詳細に見ていくことにします。

今の若い方たちのなかには、田中角栄という人物を知らない方も多いようなので、最初にざっと人物像と事件の概要について解説しておきます。

田中角栄は、佐藤栄作首相の退陣を受け、総裁選で福田赳夫を破って1972年7月に首相に就任しました。その直前に出版した『日本列島改造論』(日刊工業新聞社)に沿って公共事業による道路や鉄道などのインフラ整備に取り組みます。彼は「戦後の復興と繁栄は、農山漁村の犠牲のうえに成りたつものであってはならない。大都市と地方が共存共栄できる均衡のとれた国土の再編成、再利用を実現すべきだ」と述べています。

一方で、大規模な公共事業には巨額の資金が動くわけで、地方への利権誘導により、建設・土建業界などからの〝金脈〟を握り、金の力で政界を牛耳っていました。

首相就任直後の同年9月には中国の毛沢東国家主席らと会談し、日中国交正常化を実現しています。

転機が訪れたのは1974年10月で、ジャーナリストの立花隆が『文藝春秋』の11月号で田中金脈問題を告発したことがきっかけで、首相を辞職することになります。

その後も〝闇将軍〟として政局に隠然たる影響力を及ぼし続けましたが、1976年にはロッキード事件が発覚し、受託収賄罪と外国為替・外国貿易管理法違反の容疑で逮捕。一審で有罪判決、二審で控訴は棄却されました。上告したものの最高裁判決が出る前の1993年12月に75歳で亡くなっています。

田中角栄が政治生命を絶たれたのは、このロッキード事件が原因です。これは、米ロッキード社がジェット旅客機を全日空に売り込むため、ロッキード社の裏の代理人といわれた右翼活動家の児玉誉士夫（よしお）にコンサルティング料として21億円あまりを支払い、そのうち5億円が丸紅などを通じて田中角栄に渡されたとされる事件です。関係者が次々と変死するなど、当時からアメリカの陰謀説が囁かれていた不可解な事件でした。

中曽根康弘元首相は著書『天地有情』（文藝春秋）で、ロッキード事件についてこう述べています。

「キッシンジャーは私が首相を辞めたあとですが、『ロッキード事件はまちがいだった』とひそかに私にいいました。キッシンジャーはロッキード事件の真相については、かなり知っていたのではないでしょうか」

中曽根元首相も、この事件がアメリカの謀略であり、キッシンジャーがその事情を知っていたことを示唆しています。さらに、中曽根元首相は、田中角栄が狙われた理由について、こうも書いています。

「田中君は、国産原油、日の丸原油を採るといってメジャーを刺激したんですね。そして彼はヨーロッパに行ったときに北海油田からも日本に入れるとか、ソ連のムルマンスクの天然ガスをどうするとか、そういう石油取引外交をやった。それがアメリカの逆鱗にふれたのではないかと思います」

元首相がここまで書いているわけですから、日本ではこの「独自の石油外交を展開しようとしてアメリカに潰された」という説が定説になっています。

しかし、私はこの説については疑いをもっています。

理由の一つは、アメリカ側からそれを示す証拠が一つも出ていないことです。つまり、これは中曽根元首相の推測に過ぎないのです。

もう一つの理由は、田中角栄が独自の石油外交に取り組んでいたときの通産大臣は、中曽根康弘その人だったということです。いわば当事者であり、田中角栄がこの理由で狙われたのなら、同じように失脚させられていてもおかしくないわけです。

実は私は1974年に通産省の石油部開発課に出向していました。70年代初頭にオイルショックが起き、石油価格が高騰したので、エネルギーの安定供給のため、中曽根通産大臣のもとでGG（ガバメント・ガバメント）という政府対政府石油交渉に取り組んだのです。この交渉で、日本はイラクから一定の石油利権を獲得することに成功し、日本側のナショナルフラッグである共同石油（現・ジャパンエナジー）が引き受けることになっていました。

ところが、オイルショックは意外と早く沈静化したため、GGで決めた石油価格は国際価格よりも高くなってしまった。それで、1974年9月に通産省がイラク側と「我々は引き取りが十分にできない」という交渉をすることになり、私は一番末席でこの交渉に参加しているのです。

どういうことかといいますと、当時、日本が取り組んでいた「独自の石油外交」というのはすべて不発に終わっているのです。政府間の直接取引で決めた価格より、国際市場価格のほうが安いわけですから、国際市場で石油を買ったほうが安くつくわけで、石油市場を支配している米石油メジャーからすれば「日本は無駄な努力をしていた」ということになるでしょうか。

中曽根が挙げた北海油田やムルマンスクも不発に終わり、他にもさまざまなエネルギー関連の案件がありましたが、どれも成就していません。

すべて失敗に終わっているのですから、なぜその後になって、アメリカは田中角栄を潰す必要があるのでしょうか。

中曽根という人は、〝日本列島は不沈空母〟発言でも明らかなように、対米追随路線の代表的な政治家です。その彼があえて、「石油の独自外交」を理由に挙げるということは、逆に本当の理由から目をそらさせるためではないかとさえ勘ぐってしまいます。

『朝まで生テレビ！』の司会者・田原総一朗も中曽根と同様の主張をするほどで、日本では石油説が定説になっていますが、逆に言うと、石油説を唱える人たちの口からは、他の理由が出てこないのです。

日中国交正常化が主因だった

では、本当の理由とは何かというと、私は「日中国交正常化」が主因だと考えています。

前章で述べた通り、中国との関係改善で日本に先行されることは、アメリカにとっては許しがたいことなのです。

１９７２年2月に、ニクソン大統領は電撃的な訪中を実現しています。この計画を実現したのはキッシンジャー大統領補佐官（後に国務長官）で、それまで隠密外交を展開し、前年7月に世界からニクソンショックと呼ばれたこの訪中計画を発表したときには、日本に事前通知もしませんでした。１９７０年10月の佐藤・ニクソン会談の共同発表では、「両首脳は中国政策の将来の発展につき、密接な連絡と協議をつづけるべきむね合意した」と述べられ、中国政策については「事前協議」するとうたわれていたにもかかわらず、アメリカは日本を無視して水面下で訪中を画策していたのです。

実はここには、日本に対する「報復」の意味が込められていました。

というのも、田中政権の前の佐藤栄作政権時代に、ニクソン大統領と佐藤首相の間ではある密約が交わされていたのですが、佐藤首相がそれを反故にしたからです。

佐藤首相は沖縄返還に取り組んで実現させた人ですが、沖縄返還の見返りとして、ニクソン大統領から二つの密約をのまされていました。

一つは「米軍基地への核兵器の持ち込み」です。佐藤首相は米軍基地から核兵器を撤去したうえでの沖縄返還を要求しました。ニクソンは合意しますが、「緊急時には沖縄にふたたび核兵器を持ち込める」とする秘密協定に佐藤首相が合意するよう求めます。これは非常に微妙な問題ですが、本筋と直接関係ないのでここでは触れません。結局、佐藤は要求をのみ、緊急時の持ち込みに同意します。

問題になったのはもう一つの「繊維製品の対米輸出」に関する密約です。ニクソン大統領にとって繊維問題は極めて重要な政治課題でした。

当時、アメリカには日本から安い繊維製品が大量に流入し、繊維製品の生産地であった南部の州の経済を圧迫していました。そこでニクソンは外国製繊維製品の輸入規制を公約に掲げて南部の州の票を獲得し、大統領の指名争いに勝利していたのです。

選挙に直結するテーマなので、繊維製品の制限はニクソンにとっては極めて重要な問題でした。

佐藤首相との間で交わされた密約は、以下のような内容でした。

【適用範囲】
すべての毛および化合繊の繊維製品
【期間】
１９７０年１月１日から始まる５年間
【基本的上限】
１９６９年６月30日をもって終わる過去12か月間の貿易の水準
【右上限の増加量】
化合繊製品：１９６９年より始めて毎年５％
毛製品：１９６９年より始めて毎年１％

日本からアメリカへの繊維製品の輸出を制限するという内容です。しかし、佐藤首相は密約を無視して何の行動も起こさなかったのです。どうも佐藤は、密約だから表に出ることはなく、アメリカ側もその存在を認めないので、無視しても構わないと考えていたようです。

当然、ニクソンもキッシンジャーも怒ります。キッシンジャーはその怒りを次のように表現しています。

「かつて私の人生にも、繊維なんかについてなにひとつ知らない幸福な時代があった」（若泉敬『他策ナカリシヲ信ゼムト欲ス』文藝春秋）

相当に腹に据えかねていた様子が見てとれます。

ところで、12年7月31日に、外務省は1950年代から70年代にかけてのいくつかの外交文書を公開しました。30年経てば公開する「30年ルール」によるもので、前述した岸の沖縄返還を求める発言もここにあります。

今回公開された外交文書のなかに、「繊維問題で日米友好関係に不利な影響を及ぼすことを極めて遺憾と考えている」とキッシンジャーが密約を履行しない日本の態度に苛立ちを見せていたことが記録されたものがありました。

佐藤首相は、ニクソンにとって繊維問題がいかに重要かを見誤って安請け合いをしてしまったのです。佐藤には経済界とのチャンネルもなかったので、繊維業界に輸出削減をのませる力もありませんでした。

激怒したニクソンは、佐藤に数々の報復を仕掛けます。

1972年2月の電撃的な中国訪問では、日本側に一切事前通知をしませんでした。

この訪中の後、ニクソンは尖閣問題について日本支持の立場を捨て、曖昧な態度をとるようにもなります。また、当時の日本にとってアメリカは重要な輸出先でしたが、ニクソンは輸入品に対して10%の課徴金を課すことも検討しはじめました。

このようにニクソンとの関係が決定的に悪化し、政治・経済両面からのさまざまな圧力をかけられた結果、1972年7月に佐藤首相は退陣させられることになるのです。

この繊維交渉問題を解決したのが、実は田中角栄です。

佐藤内閣で通産大臣を務めていた田中は、持ち前の行動力と馬力で大蔵省と交渉し、繊維業界への損失補塡を捻出させ、繊維製品の輸出制限を認めさせて一気に解決してしまったのです。

このときアメリカ側は、田中角栄という政治家に一目置いたことでしょう。佐藤首相にできなかったことを、まだ50代前半の若い通産大臣があっさりと解決したのですから。

しかし、ニクソンとキッシンジャーは、その後、田中角栄から手痛いしっぺ返しを食らいます。

1972年2月にニクソン大統領が中国を訪問して世界に衝撃を与えた直後の同年9月、首相に就任してまだ2か月余りの田中角栄は中国を訪問し、周恩来首相や毛沢東国家主席と会談した後、日中国交正常化を実現してしまうのです。

ニクソンは訪中を実現したものの、台湾に利権をもつ国内勢力の圧力があり、米国議会を説得できなかったのです。そこへ突如割り込んできた日本が先に国交正常化を果たしてしまったわけで、これによってニクソン訪中という成果は霞んでしまいました。

キッシンジャーは1972年8月の日米首脳ハワイ会談の直前に、バンカー駐南ベトナム大使と会談したときに、日本に対する怒りを爆発させています。

「汚い裏切り者ども（bitches）のなかで、よりによって日本人野郎（Japs）がケーキを横どりしたんだ」

常日ごろからバカにしていた日本人にしてやられて、キッシンジャーの怒りは凄まじかったようです。

知り合いの元朝日新聞記者から聞いた話です。キッシンジャーはハワイ会談直前に来日し、田中首相との会談を要請しましたが、田中は、「オレがなんで補佐官と会わなきゃならないんだ」と断わります。そこで間に人が入って、キッシンジャーは田中の別荘がある軽井沢に出かけてようやく面会します。このときキッシンジャーは「日中国交正常化を延期してほしい」と頼んだのですが、田中は一蹴したそうです。

日米首脳ハワイ会談が終了した後、その記者が田中首相に、「ニクソンは激しかったですか？」と聞くと、「当然だ」という返事だったそうです。おそらくこの田中・ニクソン会談の記録は、外務省には残っていないと思います。

またもやアメリカ、メディア、政界の連動

アメリカに対してこれほど真っ向から刃向かえば、反発を招くのは必至です。しかもその人間が日本の政界で強大な権力を振るっているのですからなおさらです。

前述のように、1974年10月10日、ジャーナリストの立花隆が『文藝春秋』11月号に、「田中角栄研究　その金脈と人脈」と題した評論を発表しました。これが田中首相降ろしの始まりです。

この記事は田中角栄が政治をどのように利用して莫大な資産・政治資金を作り上げたかを分析しているだけで、特定企業からの贈賄などを暴いたものではありません。ですから、主要な新聞もほとんど報じませんでした。

ところがこの後、不可解な現象が起きます。

10月22日に田中首相が日本外国特派員協会へ講演に出かけると、アメリカ人記者を中心に「田中角栄研究　その金脈と人脈」の問題に質問が集中したのです。

この時期、日米間には外交上の重要事項が山積していました。翌月にはフォード大統領が戦後、米大統領としては初めて訪日することになっていましたし、直前には元

海軍少将のラロック氏が米議会で『核兵器を搭載可能な艦船は、日本あるいは他の国に寄港する際、核兵器を降ろすことはない』と証言したことで、核持ち込み疑惑が浮上し、大きな問題にもなっていました。

質問すべきことは他にあったはずなのです。しかも当時の外国人記者の多くは日本語を読めなかったはずで、新聞も取り上げないような話題に、5名もの記者が次々に金脈問題で質問をしたのは実に不思議です。

その翌日の10月23日、朝日新聞と読売新聞が一面トップで大々的に報じます。朝日の見出しは「『田中金脈』追及へ動き急」「政局に重大影響必至」で、読売は「政局に波紋を投げそうになってきた」と報じています。

またもや、アメリカ・新聞・政界が連動する構図が出てくるのです。

ここに財界からも足並みをそろえる動きが出てきます。

11月1日の朝日新聞では「このままでフタをすべきではない」という木川田一隆・東電社長と、「暫定政権でいくしかない」という中山素平・元日本興業銀行頭取の言葉を伝えています。両名とも、経済同友会代表幹事を務めたこともある財界人です。60年安保でも親米路線の経済同友会のメンバーが岸降ろしに動いていたことは前章でも述べました。

こういった田中降ろしの大合唱のなかで、結局、田中首相は1974年11月26日に首相の座を降ります。

しかし、絶大な資金力をもち、多くの派閥議員を抱える田中角栄の勢力は、首相を辞任しても衰えず、首相を決めるキングメーカーとして力を振るい続けます。

ここから完全に田中角栄の息の根を止める謀略が始まるのです。

田中の次の首相は順当に行けば、〝角福戦争〟を戦った福田赳夫か、大平正芳です。しかし、そうはなりませんでした。中山素平が言った「暫定政権で行くしかない」という言葉通りになるのです。新政権は、田中の金脈を暴いて息の根を止めることが使命なのです。

田中の後継の首相は、当時副総裁だった椎名悦三郎の裁定により、もっとも弱小派閥の長である三木武夫が選ばれ、1974年12月9日に三木内閣が誕生します。

三木武夫は〝クリーン三木〟とも呼ばれるほど、汚職に縁のない政治家として知られています。「武器輸出三原則」の確立にも尽力した対米自主路線の政治家というイメージもあります。しかし、その後に起きたロッキード事件で採った強引な訴追手法を見る限り、そのイメージが本当に正しいのか、疑わざるを得なくなります。

三木は戦前に明治大学専門部を卒業後、南カリフォルニア大学に入学しました。1939年には「日米同志会」を結成して、対米戦争反対の論陣を張っています。

占領時代には非常に興味深いエピソードがあります。三木の妻、睦子（むつこ）は著書『信なくば立たず』(講談社)で、占領時代のこんな一幕を披露しています。

「(1948年)10月7日、芦田首相が退陣されたあと、マッカーサー元帥からすぐに総司令部にくるようにと、三木に直接連絡が入りました。マッカーサー元帥は、その威風堂々とした長身の体をのりだして、『次は君の番だよ。あなた、総理大臣をやりなさい』といいましたが、三木は断りました」

なんとマッカーサー元帥から気に入られて、「あなたが首相をやりなさい」と指名された人だったのです。

ロッキード事件の発端は、1976年2月4日、米議会の多国籍企業小委員会(チャーチ委員会)が、次のような事実を公表したことから始まります。

「ロッキード社が、日本、イタリア、トルコ、フランスなど世界各国の航空会社に自社の飛行機を売りこむため、各国政府関係者に巨額の賄賂をばらまいていた」

チャーチ委員会がこの汚職事件の調査をすることになった経緯が、なかなかふるっているのです。本来、別のところへ届けられるべき書類が間違ってこの小委員会に届けられ、中身を見たら大変なことが書かれていた。それで小委員会で採り上げたというのです。

しかし、誤送されてきた書類をなぜ勝手に開けてしまうのでしょうか。間違って中を見てしまったとしても、それを大々的に公表するというのはいかがなものでしょうか。

　この話を文面通りに信じられる人はそうはいないと思います。事件の端緒からいきなり〝工作〟の臭いがプンプンするのです。

　とはいえ、日本の政府関係者が賄賂を受け取っているとの暴露が行なわれたわけで、そうなると「その人物は誰か」に注目が集まります。当初から「田中元首相の関与」が疑われていました。

　しかし、アメリカ側は、具体的な政府関係者の名前を出せば、複数の友好国の要人が失脚することになるので、「賄賂を受け取った人物の公表はしない」との立場を示します。

中曽根も認めた異常な裁判

　ここから三木首相の異常とも言える動きが始まるのです。

　1976年2月23日、衆参両院本会議で「いわゆる政府高官名を含むいっさいの未公開資料を提供されるよう米国議会に特別の配慮を要請する」という決議がされました。それを受けて三木首相は、フォード大統領に資料提供を要請する親書を送ります。

　親書を受けた米政府の提案により、日本政府との間で『司法共助協定』が調印され、資料が日本の検察に送られることになります。しかも、この協定により、ロッキード社のコーチャン副会長やクラッター元東京駐在事務所代表に対する嘱託尋問を行なう道も開かれました。

嘱託尋問とは、証人が外国にいる場合、日本の検察は直接尋問ができないので、日本の検事の立ち会いのもと、アメリカ側検事に頼んで代わりに尋問してもらうことです。

問題はこの次で、コーチャンに対する尋問では、証言のなかに、本人が日本の法律に違反したとする内容が含まれていたとしても、罪に問わないという約束をしたのです。いわゆる〝司法取引〟ですが、日本の法律では司法取引という制度は規定されていません。

しかし、この嘱託尋問によって得られた証拠によって、田中角栄は有罪判決（一審、二審）を受け、政治生命を絶たれることになったのです。

中曽根元首相は『天地有情』で、この嘱託尋問についてこう書いています。

「最高裁が従来なら違法と批判されるような行為を認めた。たとえばコーチャンの尋問について免責を与えたのは、日本の刑事訴訟法にはないことですからね。

それから弁護士を立ち会わせ、反対尋問をさせなかった。時代の空気というものに、つまりジャーナリズムのつくった雰囲気に法の番人までが冒されたということは、司法にとっても、戦後日本にとっても大変な恥辱だったと思います」

対米追随路線の中曽根元首相でさえ、ロッキード事件は異常だったと認めています。

日中国交正常化でアメリカに先んじ、日本の自主外交を体現して見せた田中角栄は、アメリカの〝虎の尾〟を踏み、その意志を忖度(そんたく)した政界・財界・マスコミの罠にはめられて失脚しました。岸信介のときとまったく同じ構図で、政界から葬られたのです。

田中以降も、頭角を現した対米自主路線の政治家は、ことごとく潰されていきます。

次にアメリカに狙われたのが、田中角栄の愛弟子だった小沢一郎でした。

2. 最後の対米自主派、小沢一郎

角栄に学んだ小沢の「第七艦隊発言」

アメリカの諜報機関はＣＩＡだけでなく、国防総省にも情報局（略称ＤＩＡ）という諜報機関があり、世界中で諜報工作活動を行なっています。私は情報局が人材のリクルートのために製作したプロモーション映像を見たことがあるのですが、そのなかで「我々は軍事だけでなく、政治的な分野でも諜報を行なっている」と活動を紹介し、オサマ・ビン・ラディンの映像などを流していました。そういった一連の映像や画像のなかに、小沢一郎の写真が混ざっていて、私はハッとしました。

彼らにとっては、小沢一郎に工作を仕掛けているということなど、隠す必要がないほど当たり前のことなのです。

明確にアメリカのターゲットに据えられているこの小沢一郎とはどんな人物なのか、簡単におさらいしておきましょう。

小沢一郎は27歳という若さで衆議院議員に初当選した後、田中派に所属し、田中角栄の薫陶を受けて政界を歩んできました。しかし、1985年に田中角栄とは袂を分かち、竹下登、金丸信らと創政会を結成。のちに経世会（竹下派）として独立しました。

1989年に成立した海部俊樹内閣では、47歳で自民党幹事長に就任しています。おそらく小沢一郎という人物をアメリカが捕捉し、意識し始めたのはこの頃だと考えられます。1990年にサダム・フセインがクウェートに軍事侵攻し、国連が多国籍軍の派遣を決定して翌年1月に湾岸戦争が始まりました。

ここでブッシュ（父）大統領は日本に対して、湾岸戦争に対する支援を求めてきます。

アメリカ側は非武装に近い形でもいいので自衛隊を出すことを求めましたが、日本の憲法の規定では、海外への派兵は認められないとする解釈が一般的で、これを拒否します。アメリカは人を出せないのなら金を出せとばかり、資金提供を要請し、日本は言われるまま、計130億ドル（紛争周辺国に対する20億ドルの経済援助を含む）もの巨額の資金提供を行なうことになります。

当時の外務次官、栗山尚一の証言（『栗山尚一オーラルヒストリー』政策研究大学院大学）では、この資金要請について「これは橋本龍太郎大蔵大臣とブレディ財務長官の間で決まった。積算根拠はとくになかった」とされています。何に使うかも限定せず、言われるまま130億ドルものお金を出しているのです。

橋本は渡米前に小沢に相談していました。小沢は2001年10月16日の毎日新聞のインタビューでそのときのやりとりを明かしております。

「出し渋ったら日米関係は大変なことになる。いくらでも引き受けてこい。責任は私が持つ」

この莫大な資金負担を決定したのが、実は小沢一郎でした。この当時、小沢はペルシャ湾に自衛隊を派遣する方法を模索し、実際に「国連平和協力法案」も提出しています（審議未了で廃案）。

〝ミスター外圧〟との異名をもつ対日強硬派のマイケル・アマコスト駐日大使は、お飾りに近かった海部俊樹首相を飛び越して、小沢一郎と直接協議することも多かったのです。小沢一郎が「剛腕」と呼ばれるようになったのはこの頃からです。

この時代の小沢一郎は、はっきり言えば〝アメリカの走狗〟と呼んでもいい状態で、アメリカ側も小沢を高く評価していたはずです。ニコラス・ブレディ財務長官の130億ドルもの資金要請に、あっさりと応じただけでなく、日米構造協議でも日本の公共投資を10年間で430兆円とすることで妥結させ、その〝剛腕〟ぶりはアメリカにとって頼もしく映ったことでしょう。

田中派の〝番頭〟だった小沢は、田中角栄がアメリカに逆らって政治生命を絶たれていく様を目の当たりにしています。ゆえに、田中角栄から離れて、「対米追随」を進んできたものと思われます。

しかし、田中角栄の「対米自主」の遺伝子は、小沢一郎のなかに埋め込まれていました。

（1993年6月18日、羽田・小沢派らの造反により宮沢内閣不信任案が可決され、宮沢喜一首相は衆議院を解散しました。それを機に、小沢は自民党を離党して新生党を結成し、8党派連立の細川護熙内閣を誕生させました。その後は、新進党、自由党と新党を結成しながら、03年に民主党に合流します。（2021年現在は立憲民主党に所属。）

1993年に出版してベストセラーになった小沢の『日本改造計画』（講談社）では、抜本的な規制緩和を行なうアメリカ的、新自由主義的な経済政策を主張していましたが、民主党に合流して以降は、地方経済と雇用を重視する政策に転換し、東北地方出身の議員だけを集めた「東北議員団連盟」を結成しています。

外交政策についても、対米従属から、中国、韓国、台湾などアジア諸国との連携を強めるアジア外交への転換を主張するようになりました。「国連中心主義」を基本路線とするのもこのころです。

小沢一郎は、09年2月24日に奈良県香芝(かしば)市で「米国もこの時代に前線に部隊を置いておく意味はあまりない。軍事戦略的に米国の極東におけるプレゼンスは第七艦隊で十分だ。あとは日本が自らの安全保障と極東での役割をしっかり担っていくことで話がつくと思う。米国に唯々諾々と従うのではなく、私たちもきちんとした世界戦略を持ち、少なくとも日本に関係する事柄についてはもっと役割を分担すべきだ。そうすれば米国の役割は減る」と記者団に語っています。

つまり、沖縄の在日米軍は不要だと明言したわけです。

この発言を、朝日、読売、毎日など新聞各紙は一斉に報じます。共同通信社の配信記事「米総領事『分かってない』と批判　小沢氏発言で」(09年2月25日)では、米国のケビン・メア駐沖縄総領事が記者会見で、「『極東における安全保障の環境は甘くない。空軍や海兵隊などの必要性を分かっていない』と小沢を批判し、陸・空軍や海兵隊も含めた即応態勢維持の必要性を強調した」と伝えています。アメリカ側の主張を無批判に垂れ流しているのです。

この発言が決定打になったのでしょう。非常に有能だと高く評価していた政治家が、アメリカ離れを起こしつつあることに、アメリカは警戒し、行動を起こします。

発言から1か月も経っていない09年3月3日、小沢一郎の資金管理団体「陸山会」の会計責任者で公設秘書も務める大久保隆規(たかのり)と、西松建設社長の國澤幹雄ほかが、政治資金規正法違反で逮捕される事件が起きたのです。小沢の公設秘書が西松建設から02年からの4年間で3500万円の献金を受け取ってきたが、虚偽の記載をしたという容疑です。

しかし、考えてもみてください。実際の献金は昨日今日行なわれたわけではなく、3年以上も前の話です。第七艦隊発言の後にたまたま検察が情報をつかんだのでしょうか。私にはとてもそうは思えません。

アメリカの諜報機関のやり口は、情報をつかんだら、いつでも切れるカードとしてストックしておくというものです。ここぞというときに検察にリークすればいいのです。

この事件により、小沢一郎は民主党代表を辞任することになります。しかし、小沢は後継代表に鳩山由紀夫を担ぎ出します。選挙にはやたらと強いのが小沢であり、09年9月の総選挙では〝政権交代〟の風もあり、民主党を圧勝させ、鳩山由紀夫政権を誕生させせます。ここで小沢は民主党幹事長に就任しました。

小沢裁判とロッキード事件の酷似

ここから小沢はアメリカに対して真っ向から反撃に出ます。

鳩山と小沢は、政権発足とともに「東アジア共同体構想」を打ち出します。対米従属から脱却し、成長著しい東アジアに外交の軸足を移すことを堂々と宣言したのです。さらに、小沢は同年12月、民主党議員143名と一般参加者483名という大訪中団を引き連れて、中国の胡錦濤主席を訪問。宮内庁に働きかけて習近平副主席と天皇陛下の会見もセッティングしました。

鳩山首相については次項で述べますが、沖縄の米軍基地を「最低でも県外」に移設することも宣言し、実行に移そうとします。

しかし、前章で述べた通り、「在日米軍基地の削減」と「対中関係で先行すること」はアメリカの〝虎の尾〟です。これで怒らないはずがないのです。

その後、小沢政治資金問題は異様な経緯を辿っていきます。

事件の概要は煩雑で、新聞等でもさんざん報道されてきましたので、ここでは触れませんが、私が異様だと感じたのは、検察側が10年2月に証拠不十分で小沢を不起訴処分にしていることです。結局、起訴できなかったのです。もちろん、法律上は「十分な嫌疑があったので逮捕して、捜査しましたが、結局不起訴になりました」というのは問題ないのかもしれません。

しかし、検察が民主党の党代表だった小沢の秘書を逮捕したことで、小沢は党代表を辞任せざるをえなくなったのです。この逮捕がなければ、民主党から出た最初の首相が鳩山由紀夫ではなく、小沢一郎になっていた可能性が極めて高かったと言えます。

小沢首相の誕生を検察が妨害したということで、政治に対して検察がここまで介入するのは、許されることではありません。

小沢は当初から「国策捜査だ」「不公正な国家権力、検察権力の行使である」と批判してきましたが、現実にその通りだったのです。

この事件には、もう一つ不可解な点があります。検察が捜査しても証拠不十分だったため不起訴になった後、東京第5検察審査会が審査員11人の全会一致で「起訴相当」を議決。検察は再度捜査しましたが、起訴できるだけの証拠を集められず、再び不起訴処分とします。それに対して検察審査会は2度目の審査を実施し「起訴相当」と議決し、最終的に「強制起訴」にしているところです。

検察は起訴できるだけの決定的な証拠をまったくあげられなかったにもかかわらず、マスコミによる印象操作で、無理やり起訴したとの感が否めないのです。これではまるで、中世の魔女裁判のようなものです。

ここで思い出されるのは、やはり田中角栄のロッキード事件裁判です。当時、検察は司法取引による嘱託尋問という、日本の法律では規定されていない方法で得た供述を証拠として提出し、裁判所はそれを採用して田中角栄に有罪判決を出しました。超法規的措置によって田中は政界から葬られたのです。

検察がそんなことをするわけがないと、多くの日本人は信じています。それどころか、田中角栄や小沢一郎を捜査した東京地検特捜部という組織は、政治家の汚職事件などを扱い、〝巨悪を暴く司法界の花形〟のようなイメージで見られています。しかし、実像はまったく異なります。

東京地検特捜部とアメリカ

実は東京地検特捜部は、歴史的にアメリカと深い関わりをもっています。１９４７年の米軍による占領時代に発足した「隠匿退蔵物資事件捜査部」という組織が東京地検特捜部の前身です。当時は旧日本軍が貯蔵していた莫大な資材がさまざまな形で横流しされ、行方不明になっていたので、ＧＨＱの管理下で隠された物資を探し出す部署として設置されました。つまり、もともと日本のものだった「お宝」を探し出してＧＨＱに献上する捜査機関が前身なのです。

東京地検特捜部とアメリカの関係は、占領が終わった後も続いていたと考えるのが妥当です。たとえば、過去の東京地検特捜部長には、布施健という検察官がいて、ゾルゲ事件の担当検事を務めたことで有名になりました。

ゾルゲ事件とは、ソ連のスパイ、リヒャルト・ゾルゲが日本国内で諜報・謀略活動を行なっていたことが発覚し、40年代前半にその構成員が逮捕された事件です。当時の近衛文麿内閣は対米戦争回避を模索していましたが、この事件をきっかけに崩壊し、日本はアメリカとの開戦に突き進んでいきます。

私は、日本がアメリカとの戦争に突入したのはアメリカの謀略によるものだと考えています。この事件の裏にはアメリカの工作があったと考えています。

戦後に布施は、マッカーサー元帥のもとでGHQ参謀第2部部長だったチャールズ・ウィロビーにゾルゲ事件の報告書を提出しています。当然、ウィロビーと布施の間には密接な関係があったと考えられます。

さらに布施は、一部の歴史家が米軍の関与を示唆している下山事件（占領時代に国鉄総裁、下山定則が出勤途中に失踪し、翌日、死体で発見された事件。松本清張は米軍の諜報部隊が関わったと推理した『日本の黒い霧』文藝春秋、を発表）の主任検事を務め、田中角栄のロッキード事件のときは検事総長でした。いずれも闇の世界でアメリカの関与がささやかれている事件です。

他にも、東京地検特捜部のエリートのなかには、アメリカと縁の深い人物がいます。ロッキード事件でコーチャンに対する嘱託尋問を担当した堀田力は、在米日本大使館の一等書記官として勤務していた経験があります。また、西松建設事件・陸山会事件を担当した佐久間達哉・東京地検特捜部長（当時）も同様に、在米日本大使館の一等書記官として勤務しています。

この佐久間部長は、西松建設事件の捜査報告書で小沢の関与を疑わせる部分にアンダーラインを引くなど大幅に加筆していたことが明らかになり、問題になっています。

この一連の小沢事件は、ほぼ確実に首相になっていた政治家を、検察とマスコミが結託して激しい攻撃を加えて失脚させた事件と言えます。

『文藝春秋』11年2月号で、アーミテージ元国務副長官は、「小沢氏に関しては、今は反米と思わざるを得ない。いうなれば、ペテン師。日本の将来を〝中国の善意〟に預けようとしている」と激しく非難しています。

アメリカにとっては、自主自立を目指す政治家は「日本にいらない」のです。必要なのはしっぽを振って言いなりになる政治家だけです。

小沢が陥れられた構図は、田中角栄のロッキード事件のときとまったく同じです。アメリカは最初は優秀な政治家として高く評価していても、敵に回ったと判断した瞬間、あらゆる手を尽くして総攻撃を仕掛け、たたき潰すのです。小沢一郎も、結局は田中と同じ轍（てつ）を踏み、アメリカに潰されたのです。

3. アメリカにNOと言った政治家たち

鳩山由紀夫に流れる自主派の血

首相就任が確実視されていた小沢一郎は、公設秘書が検察に逮捕されたことで、民主党代表を辞任せざるをえなくなりました。ここで小沢は後継に鳩山由紀夫を担ぎ出し、この鳩山・小沢体制で09年夏の総選挙を戦い、政権交代を果たしました。小沢は自らも民主党幹事長の座に就き、民主党を動かせる地位に踏みとどまります。

アメリカはこの時点で、小沢の息の根を完全に止めることができなかったのです。そのため、検察とマスコミの力をフルに動員して、無理やり起訴に持ち込んだことは前項で述べました。

一方で、ここで小沢に担ぎ出された鳩山由紀夫という政治家も、自主路線を進む、政界には数少ない一人です。彼の祖父にあたる鳩山一郎は、日本民主党としては初代の首相に就任し、岸信介を幹事長に据え、防衛分担金の削減に取り組んで実現させた人物です。鳩山由紀夫には、その〝血〟が脈々と流れているのです。

鳩山一郎は、岸信介と同様、アメリカから公職追放を受けながら、冷戦によって命を救われ、公職に復帰した政治家です。極端な対米従属派である吉田茂に反発して自由党を割り、日本民主党を結成、後に保守合同で自民党初の首相に就任しました。鳩山一郎は首相として、ソ連との国交回復を政権の最重要課題としながら、防衛分担金の削減に取り組み、当時の国家予算の2％に相当する178億円もの減額を実現させた対米自主路線の政治家でした。

党を割って出たことや〝民主党〟という名称を選んだことなど、符合する点も多く、鳩山由紀夫には、祖父から受け継いだ自主派の〝血〟が脈々と流れています。

09年9月に鳩山政権が成立すると、鳩山首相は「有事駐留」という言葉を持ち出します。有事駐留というのは、普段から米軍が駐留する「常時駐留」ではなく、有事の際だけ日本に駐留するという考え方です。

小沢一郎が「米海軍の第七艦隊だけで十分」と発言したときと同様、鳩山首相もこの発言で「日米同盟をまったく理解していない人間」として、自民党や評論家、メディアから激しく非難されました。

しかし、歴史的に見れば「有事駐留」という考え方は突飛でもなんでもなく、過去においては実際に検討されてきた案です。

米軍による占領時代の1948年に首相となった芦田均が、その前の片山内閣で外務大臣を務めていた当時の持論は「有事駐留」でした。占領時代に米軍の撤退を主張していたのです。

ただし、その芦田内閣が成立してわずか3か月後に昭和電工事件が起きます。この事件は、昭和電工の日野原節三社長が復興金融金庫からの融資を求めて政治家や官僚に賄賂を贈ったとされる事件で、東京地検特捜部は1948年10月6日に、芦田内閣の前副総理だった西尾末広を逮捕し、翌7日に芦田内閣は総辞職。その後に芦田均自身も逮捕されました。

ところが、昭和電工事件の裁判では、西尾末広も芦田均も無罪で終わっているのです。言わば〝濡れ衣〟で政治生命を奪われたわけです。この不可解な経緯は、彼らが唱えた「有事駐留」と無関係だとは思えません。

すでに紹介していますが、1969年に外務省内で密かに作成された極秘文書「わが国の外交政策大綱」にも、こうありました。

- わが国国土の安全については、核抑止力および西太平洋における大規模の機動的海空攻撃および補給力のみを米国に依存し、他は原則としてわが自衛力をもってことにあたる（こと）を目途（＝目標）とする。

●在日米軍基地は逐次（＝少しずつ）縮小・整理するが、原則として自衛隊がこれを引きつぐ。

「核抑止力、および西太平洋における大規模の機動的海空攻撃および補給力のみを米国に依存」とは、要するに、第七艦隊の抑止力には頼るということで、一方で、在日米軍基地は徐々に縮小・整理し、自衛隊に置き換えることを目標としているわけです。

これはまさに「有事駐留」の考え方であり、当時の外務省の幹部は具体的な目標として想定していました。鳩山・小沢の構想は、決して荒唐無稽なものではなかったのです。

最初にこの「有事駐留」の話を採り上げたのは、在日米軍のあり方についてはこれほど世間に幻想や誤解がはびこり、この問題が対米関係においてはセンシティブであることをお伝えしたかったからです。

民主党が政権交代を果たした09年夏の総選挙に話を戻しましょう。私は、民主党が選挙前に掲げていたマニフェストのなかで、次の二つの政策に注目していました。

1、日米地位協定の改定を求め、米軍再編や在日米軍基地のあり方についても見直

しの方向で米国と交渉する

2、東アジア共同体の構築をめざし、アジア外交を強化する

もうおわかりだと思いますが、この二つの政策は極めて危険な要素を含んでいます。「在日米軍基地の見直し」と「中国との関係改善」は、日本にとって踏んではいけない、アメリカの〝虎の尾〟です。

鳩山由紀夫は09年夏の総選挙で、沖縄の普天間基地の移転先は、県内の辺野古ではなく、「最低でも県外」にすると明言していました。つまり、これは鳩山首相の公約であり、民主党のマニフェストの延長線上にある政策でもあるのです。鳩山首相が政権の座に就いた後、公約である「最低でも県外」を実現するために行動したのは、政治家としてはまったくもって正しい行為です。

実は私は10年1月と3月の2回、民主党の近藤昭一議員、川内博史議員らとともに鳩山首相を訪問し、「県外移転」を主張し、アメリカとの交渉を続けるべきだと進言しています。国民が望んでいることを実現するのが、政治家の役目だからです。

アメリカからの露骨な恫喝

しかし、鳩山首相は、日米双方の関係者から総攻撃を受けることになりました。最終的には政権を揺るがす問題にまで発展します。

普天間基地を県外や国外ではなく、予定どおり沖縄県内の辺野古へ移転すべきだと主張した人々は、何を根拠にしていたかというと、次の3点でした。

（1）国際的な約束を破ることに問題がある
（2）日米関係を壊すことになる
（3）沖縄に海兵隊が駐留しないと抑止力にならない

しかし、これらの見解はすべて間違いです。

（1）については、こう回答します。民主主義でもっとも重要なのは、国民の意思です。鳩山首相は選挙公約に「最低でも県外」を掲げて選挙に勝ったのですから、その国民の意思を尊重して公約実現に努力するのは当然のことです。

（2）については誇張です。日本には横須賀、佐世保、三沢、横田、嘉手納などに世界最大規模の米国海軍・空軍基地があり、しかも日本は基地受入国としての経費は、ドイツの3倍、イギリスの20倍、全NATO諸国の1・6倍で世界の半分以上を負担しています。普天間基地がなくなったとしても、まだ日本ほど米軍を優遇している国はありません。

（3）は勘違いです。海兵隊は緊急展開部隊であり、日本の防衛とは直接関係ありません。普天間基地に海兵隊を置いているのは、あくまでアメリカの都合です。

政治家も官僚もマスコミも、こういった間違った主張を繰り広げ、鳩山首相を袋だたきにしました。

さらにアメリカ側は、工作どころか、目に見える形で恫喝を繰り返しました。ゲーツ国防長官は09年10月20日に来日し、11月に予定されていたオバマ大統領の訪日までに問題を解決することを強くせまっています。さらに、産経新聞（09年12月5日付）では、「ルース氏（駐日大使）は、岡田外相と北沢防衛相を前に顔を真っ赤にして大声を張り上げ、年内決着を先送りにする方針を伝えた日本側に怒りをあらわにしたという」と伝えられています。こういう記事を載せる産経新聞も〝手先〟であることは言うまでもありません。

こうしたアメリカからの圧力に屈して、北沢俊美防衛相も岡田克也外相も「県外移転は難しい」と表明し、早々に鳩山首相を見捨てます。明らかに、外務省、防衛省の官僚も、県外移転実現のために努力した痕跡が見えません。それどころか、ウィキリークスにより、09年10月12日に、高見澤將林・防衛省防衛政策局長がキャンベル国務次官補に対し、「米側が早期に柔軟な態度を見せるべきではない」と助言したことが明らかになっています。彼はいったいどこの国の官僚なのでしょうか。

ここで何よりも異常だったのは、首相が国民から信を得られた選挙公約を実現するために動いているのに、外務省も防衛省も官邸も、誰も動かなかったことです。日本の首相の意向より、アメリカの意向を優先するという異常事態が起きたのです。

鳩山由紀夫という人は、非常に政策優先で理想を追い求めるタイプで、持論である「東アジア共同体構想」にもそれが現れています。日本がアメリカから、成長著しい中国や韓国、台湾など東アジアに外交や経済の軸足を移すという構想は決して荒唐無稽ではなく、十分にありうる将来像です。

しかし、アメリカは日本が独自に中国と関係を強化することを決して許しません。

10年12月に、アメリカを代表する国際政治学者のジョセフ・ナイJr.とリチャード・アーミテージ元国務副長官は、共同で『日米同盟vs.中国・北朝鮮』(文春新書、聞き手・春原剛)という対談集を出版していますが、そのなかで東アジア共同体構想について、次のように述べています。

「アーミテージ：(鳩山首相の)『東アジア共同体』構想には非常に驚かされました。

（略）我々は長い間、外交対話を通じて『米国は太平洋国家であり、太平洋は我々とアジアを分断するのではなく、つないでいる』ということを主張してきました。にもかかわらず、鳩山氏は中国の胡錦濤国家主席と並び立って、どうやら『米国を含まない共同体』について語っていたようでした。（略）

ナイ：（東アジア共同体に関して）もし、米国が『外されている』と感じたならば、恐らく報復に打って出ると思います。それは（日中双方に）高くつきますよ」

私はジョセフ・ナイと会ったことがありますが、非常に洗練された知識人で、このような露骨な恫喝をするような人とは思えませんでした。逆に言えば、東アジア共同体構想は、それほどアメリカを強く刺激するテーマだということです。

結局、「有事駐留」「最低でも県外」「東アジア共同体」を掲げた鳩山首相は、四面楚歌の状況に陥り、10年5月4日、沖縄県の仲井眞弘多知事との会談で「日米同盟の関係のなかで抑止力を維持する必要がある」と述べ、県外移転を断念しました。

これで鳩山内閣の支持率は急落し、10年6月2日に、「国民は聞く耳をもたなくなってしまった」といって首相を辞任します。

有事駐留を主張した芦田内閣は、わずか7か月で失脚しましたが、鳩山由紀夫首相も日米双方から総攻撃を受け、9か月で辞任に追い込まれることになったのです。

竹下登も潰された政治家だった

ここまで本書では、岸信介、田中角栄、小沢一郎、鳩山由紀夫という、戦後を代表する自主路線の4人の政治家を採り上げ、どのようにしてアメリカの圧力や工作で失脚させられたかを見てきました。

他にも本書では、

石橋湛山：敗戦直後、膨大な米軍駐留経費の削減を求める。就任2か月で、奇妙な病気で辞職

芦田均：外相時代、米国に対し米軍の「有事駐留」案を示す。昭和電工事件で総理を辞職し、逮捕までされたが無罪

佐藤栄作：ベトナム戦争で沖縄の米軍基地の価値が高まるなか、沖縄返還を実現。繊維交渉の密約を守らなかったため、ニクソン大統領を激怒させ、その圧力で辞任

の3人に触れてきましたが、アメリカの〝虎の尾〟を踏んだ政治家は他にもまだい

ます。

最近で言えば、梶山静六という人がいます。田中派・竹下派に属した議員で、日米貿易摩擦が起きた80年代に、官僚をおしのけて自ら通商交渉を主導し、アメリカに対して強く当たった政治家です。1996年に梶山官房長官は、私的諮問機関として「沖縄米軍基地所在市町村に関する懇談会」を設置し、県内の反米基地勢力の意見をまとめあげています。また、アメリカの金融企業に参入の道を開いた日本版金融ビッグバンにも、強硬に反対していました。

しかし、2000年1月に交通事故に遭い、体調を崩し政界を引退し、同年6月に閉塞性黄疸で亡くなりました。何か腑に落ちない死に方のように思えます。

竹下登という人は、1985年のプラザ合意のときに大蔵大臣を務めていて、円高誘導を容認したとして、対米追随路線と世間では考えられていますが、実像は異なります。

80年代にアメリカは「バードンシェアリング（役割分担）」を唱え、日本に対して「防衛責任の分担」を求めてきました。中曽根首相はそれを積極的に受け入れましたが、竹下首相は違いました。

1988年6月1日、竹下首相は国連軍縮会議での演説で、核実験の監視と査察を強化する制度の設立を提唱し、「日本が二度と軍事大国にならないこと」と「非核三原則を国是として堅持すること」を表明します。さらに翌6月2日の記者会見で、国連平和維持活動（ＰＫＯ）についても、「軍事的な分野に人を出す考えはまったくない」とはっきり宣言しました。アメリカの意向に対して猛然と抵抗しているわけです。

ここで不思議なことが起きます。国連演説の直後の同年6月18日、朝日新聞が「『リクルート』川崎市誘致時、助役が関連株取得　売却益1億円」と報じます。これをきっかけにリクルートから未公開株を受け取った議員の名前が挙げられ、政界汚職事件へと発展しました（リクルート事件）。竹下内閣の宮沢喜一蔵相が未公開株を受け取ったとされ、宮沢は蔵相を辞任します。

この事件の影響に加え、佐川急便事件の公判中に皇民党事件が発覚し、竹下首相は退陣することになるのです。皇民党事件とは、竹下登が次期首班指名をめぐり安倍晋太郎や宮沢喜一と争っていたころ、右翼団体の日本皇民党が竹下に対する嫌がらせで褒め称える街宣活動を行ない、活動を止めるため8億円を提供しようとした事件です。岸信介が対中政策を右翼に妨害されたのと同様、ここでも右翼が絡んでいるのです。

田原総一朗は、著書『正義の罠』（小学館）のなかで、ロッキード事件と同じく、リクルート事件も検察が作り出した犯罪であると述べています。国連演説の直後に発覚したことに、あまりにもタイミングが良すぎると感じるのは、私だけではないでしょう。

ここで挙げたような自主路線の首相の政権は、佐藤首相を除くと、いずれもアメリカの関与によって短期政権に終わっています。戦後の日本で、長期政権になったのは、吉田茂、池田勇人、中曽根康弘、小泉純一郎、安倍晋三の5政権ですが、この5人ともが極端な対米追随路線をとっていたことはいかにも象徴的です。

日本の政府や検察、マスコミなどのなかには、自主自立派を引きずり降ろし、対米追随派にすげかえるシステムがアメリカによって埋め込まれていることが浮かび上がってくるのです。

これは日本に限った話ではありません。アメリカはあらゆる国で諜報工作活動を展開し、都合のいい人間は利用し、邪魔になれば切り捨てるということを繰り返してきました。

サダム・フセインもアメリカに切り捨てられた

戦後の歴史を見ると、一時期、アメリカに寵愛された人物が、情勢の変化でアメリカにとって利用価値がなくなり、切り捨てられるということが何度も起きています。かつて寵愛されていた人物は、「自分はアメリカにとって重要な人間だ」と信じ続け、流れが変わったことに気づかず、失脚させられるケースが極めて多いのです。

イランのパーレビ国王もそうでした。50年代、60年代の冷戦時代、アメリカから寵愛され、支援を受けていましたが、パーレビ国王が次第に大国の首脳のように振る舞い始めると、アメリカは切り捨てを決めます。イランのイスラム勢力を支援してイラン革命を起こし、葬り去ったのです。

しかし、イランのイスラム原理主義政権が反米で増長し始めると、今度はイラクを利用しようとします。バアス党のチンピラに過ぎなかったサダム・フセインが大統領にまで昇りつめた陰にはアメリカからの支援があります。フセインは親米路線を歩み続け、1980年9月にイランに侵攻し、イラン・イラク戦争が勃発します。米レーガン政権はイラクを「テロ支援国家」のリストからはずし、1984年にイラクと国交を回復し、総額300億ドルにも及ぶ軍事支援と諜報機関からの情報を提供したとされています。

ところが増長したフセインは、アメリカから得た強大な軍事力を利用し、1990年8月にクウェートに侵攻します。その直前に、フセインは米国のエイプリル・グラスピー駐イラク大使を呼び、クウェートへの侵攻を示唆します。これに対してグラスピー大使は、「自分の仕事は二国間関係（アメリカとイラク）を発展させることである。アラブ社会の紛争はアラブ社会内で処理してもらいたい」と回答したため、フセインはこれをアメリカのGOサインと捉え、クウェートに侵攻しました。

グラスピー大使はうっかり独断でこんな発言をしたのではありません。アメリカは本当に介入しないつもりだったのです。

ところが、イラク軍がクウェートからサウジアラビアの国境近くにまで進軍したため、アメリカはサウジを守る必要性からイラク制圧を決定したのです。完全に邪魔者になったフセインは03年のイラク戦争で逮捕され、その３年後に処刑されました。

もう一人、例を挙げてみましょう。

韓国大統領の朴正熙（パクチョンヒ）は、１９７９年10月26日に側近のＫＣＩＡ部長の金載圭（キムジェギュ）に射殺されました。しかし、金載圭には動機らしい動機がなく、今もって暗殺の理由は謎だとされています。これは私が海外に勤務していたときに、韓国の要人から聞いた話で、あくまで推測で証拠がある話ではありませんが、信憑性は高いと思われるのでご紹介します。

朴正熙は大統領に就任して以降、アメリカの要請に応じてベトナム戦争へ派兵するなど、対米追随路線を進んでいました。しかし、徐々にナショナリスト的な傾向を強め、核兵器開発を計画するようになったとされています。そのためアメリカとの関係が悪化していたのです。

米カーター大統領が訪韓したときに、韓国の民主化を求めるカーターに対して朴大統領は、まえがきでも触れたように、アメリカにも黒人問題があるだろうと返してカーターを激怒させています。この直前には、アメリカが韓国の大統領官邸に盗聴器を仕掛けていたことが発覚し、韓国側は報復でアメリカ大使館に盗聴器を仕掛けるという事件も起きていました。そしてカーターとの会談の後に、朴は暗殺されました。もちろん、真相は闇の中ですが。

こういった例を見れば、アメリカがいかに自国に都合のいい人間を利用し、必要なくなればすぐに切り捨てるかがよくわかります。岸信介にしても田中角栄にしても小沢一郎にしても、当初アメリカは有用な人材として利用しますが、いったん反旗を翻したら、徹底的に排斥にかかりました。

ここで重要なのは、あくまでそれはアメリカの都合、アメリカの国益を優先しているだけであって、日本の国益や都合とは一切関係ないということです。これは外交の仕事をしてきた人間にとっては当たり前の冷徹な事実ですが、「アメリカが守ってくれる」と盲目的に信じている対米追随派の人々はその幻想を捨てられないのです。

日本では、アメリカに対して毅然たる態度で臨んだ鳩山―小沢政権が潰れた後、いつのまにか、野田佳彦、前原誠司など、米国との関係を重視する松下政経塾出身者が、民主党内で勢力をもつようになりました。米国がいかに長期的戦略をもって日本を遠隔操作しているかについては、実に感心させられます。それによって、今の日本では何が起きているかを次章では見ていきます。

増補4. 小沢・鳩山首相潰し

小沢潰し①　危険なチャレンジャーに対する東京地検、メディア

鳩山氏が潰される前にまず小沢一郎氏が潰されます。

私が「おやっ」と思ったのは、あるとき、米軍の情報機関のリクルートのビデオを見ていたときのことです。情報機関のターゲットとしていくつかのテロリストの顔が出てきます。当然、オサマ・ビン・ラディンの写真が出てきました。その時、小沢一郎氏の写真もチラリと出てきていました。

小沢氏排斥については、私が2015年マーティン・ファクラー氏と対談した時、マーティン・ファクラーが小沢氏排除について次のようにのべました。

「・チャレンジャーを許さない日本の〝既得権益集団〟の存在です。今の日本の統治システムは、チャレンジャーから自分を守るという現実がある。東京地検がそういうシステムの免疫機能を担っている。

•小沢氏は多分、今までの政治家のなかで、ある意味では日本のシステムにとって危険な存在でした。いろいろな政治家が改革、改革と叫びますが、小沢さんこそがその実行力が一番あったということです。

そういう危険なチャレンジャーとして認識されたから、東京地検が動いたのだと思います。

•小沢一郎バッシングの時、メディアのシステムの役割というものを非常に強く感じました。

２００９年3月に、小沢一郎さんの公設秘書であり、陸山会会計責任者である大久保隆規さんと、西松建設の國澤幹雄社長が政治資金規正法で検察に逮捕、起訴されました。当時民主党代表だった小沢さんは秘書が起訴された責任問題について、最初は違法性を否定していましたが、党内の動揺を受け、五月に民主党代表を辞任しました。

このときは、小沢さんが次の総選挙で民主党の代表として勝つのではないかという瀬戸際でした。この頃から、小沢さんは、突然、東京地検の標的になったのです。この程度のことが政治資金規正法違反ならば、自民党の他の議員も同じ違反をしています。

•その頃、小沢さんは起訴されておらず、逮捕も何もされていない状況でした。にもかかわらず、メディアの大新聞の記事を読むと、まるで彼に有罪判決が出たような書き方でした。事の真偽に対して何の疑問も持たず、群集心理で動く動物そのもののような動きをしていました。

・レミングという、集団自殺で有名なネズミの一種がいますね。大集団で群れると、一つの方向に走り、崖に近づいても止まることができず、一勢に海に飛び込んでしまいます。日本のメディアはまさしくそのような感じでした。おまけに東京地検が「方向はこっちだ」というと一生懸命その方向に走ったのです。

・日本の民主主義にとって、一つのクライシスを感じました。実に危険だと思いました。次の総選挙で勝利しそうな野党の代表があのような標的になり、与党の同じような疑惑のある議員たちは罪に問われなかったのです」

ファクラー氏の解説は的確です。

ただ、ファクラー氏は米国との関係には言及していません。

ファクラー氏は日本の状況をレミングというネズミの集団が崖に飛び込む習性にたとえています。そして「東京地検が『方向はこっちだ』というと一生懸命その方向に走った」と説明していますが、「方向はこっちだ」と述べたのは単に東京地検だけでなく、米国の「ジャパン・ハンドラーたち」です。

米国が日本を動かす時、重要な役割を演ずるのは国務省、国防省各々の次官補です。2009年6月2日から2013年2月8日まで国務次官補（東アジア・太平洋担当）

であったキャンベル氏が鳩山氏らの指導部を信用せず、むしろ菅直人氏や岡田克也氏との接触を奨励していたことを示す外交文書がウィキリークスで明らかにされています（2010年2月3日にソウルで行なわれたキャンベル米国務次官補と韓国大統領府の金星煥（キムソンファン）外交安保首席秘書官の会談内容等）。

小沢潰し② 人物破壊キャンペーン

オランダ人学者ウォルフレン（1941年生まれ）は1989年『日本 権力構造の謎』（早川書房、篠原勝訳）を発表し、日本論・日本人論を展開したとして注目された人物です。

ウィキペディアを見ると、彼の著作の最後が『独立の思考』（孫崎享共著、角川学芸出版、2013年）となっています。鋭く日本を見つめ、営業的にも成功してきた（注――『人間を幸福にしない日本というシステム』毎日新聞社／角川ソフィア文庫、は、33万部）彼の著作がなぜ今ないのか、不思議です。

ウィキペディアを見るとさらに不思議な記述があります。『誰が小沢一郎を殺すのか？――画策者なき陰謀』角川書店、井上実訳、2011年、改題『人物破壊――誰が小沢一郎を殺すのか？』角川文庫、2012年（朝日新聞が発行を禁止したため、現在は中古のみ）。「朝日新聞が発行を禁止したため、現在は中古のみ」とは何を言っているのでしょうか。ただ本人は「自分の著作の新聞広告を朝日新聞が拒否した」と述べていました。

ここまで危険視された『人物破壊——誰が小沢一郎を殺すのか？』はどんな内容を持っているのでしょうか。

・「人物破壊」とは標的とする人物を実際に殺さないまでも、その世間での評判や人物像を破壊しようとする行為を指す。p.35

・小沢氏の政治生命を抹殺するために用いられたのは日本の伝統的な手法、すなわちスキャンダルであった。スキャンダルを成立させるためには、検察と新聞の協力が不可欠である。そこで検察は法務省の記者クラブに属するジャーナリストたちに誰に狙いを定めているかを告げ、逮捕や証拠品の押収時に注意するようにうながし、彼等が欲しがる多くの情報をリークしてやる。p.37

・小沢氏の人物破壊キャンペーンに関する限り、これは世界のあらゆる国々の政治世界でも目にすることはない、極めて異質なものだと結論せざるを得ない。その理由は、断続的ながら、このキャンペーンが実に長期にわたって続けられていることだ。世界のどこを見回しても、一人の人間の評判を貶(おとし)めようとするキャンペーンが、これほど長期にわたって延々と繰り広げられてきた例は他にない。p.39

●とりわけ重要な点は、そのキャンペーンが日本の主だった新聞紙上で広く展開されてきたことである。まるでそうした新聞の編集者たちが、組織的に陰謀に加担しているのでないかと思われるほどだ。しかも小沢氏への人物破壊という陰謀においては、詳細にあらかじめ綿密に仕組まれていて、その一つ一つが着実に、手抜かりなく実行されているという印象を受けるのである。p.40

●第二次大戦後、もっとも影響力をふるった政治家や官僚たちは総じて、アメリカに従属することが、当面は日本にとって最良の道であると判断してきた。p.146

●本書（『人物破壊』）の冒頭で、小沢氏に狙いを定めた「人物破壊」キャンペーンという国内の状況と、日米関係には結びつきがあると述べた。実際、これら二つの問題には日本人の多くが考えている以上に、強い関連性がある。p.147

先のファクラー氏の記述もそうであるが、ウォルフレンも「(小沢氏に狙いを定めた『人物破壊』キャンペーンという国内の状況と、日米関係という) 二つの問題には日本人の多くが考えている以上に、強い関連性がある」という点を指摘しながら、米国の関与にはほとんど言及していません。

鳩山潰し① 日本の対米政策の変更を許さないと述べたヒラリー・クリントン国務長官

1990年代、「日本論」として最も評価されたのはオランダの政治学者ウォルフレンの見解でした。先ほど触れましたように、彼と2013年に対談し『独立の思考』を出しましたが、そこで彼は次のように述べています。

- 外交では、アメリカは日本を「保護国」として扱ってきた。「保護国」を言い換えれば、日本はアメリカの「召使い（servant）」ということだ。
- 鳩山氏はアメリカからの〝自主独立〟を進めようとした。実は、私は政権誕生から3か月後の2009年12月に書いた記事で、鳩山政権がアメリカによって倒されることを予言したのですよ。
- 民主党政権が誕生する約半年前、来日したヒラリー・クリントン国務長官は、いかなる政権ができても対米政策を変更しないよう求めた。
- 鳩山氏が目指した〝自主独立路線〟をアメリカは許さなかった。

鳩山潰し② 鳩山政権発足時、米国はどのような圧力をかけたでしょうか

先に日本を実質的に動かす責任者は東アジアを担当する国務次官補、国防次官であると記述しました。鳩山政権発足時、東アジア担当国防次官補はグレグソンです。彼は鳩山政権発足時の9月来日します。時の防衛大臣は北澤俊美氏です。

北澤防衛大臣はグレグソン次官補に次のようにのべます。

「安全保障面における日米協力には様々な問題がある。普天間問題は難しい問題なのでとりあえずこの問題は横において、他の協力の問題について協議したい」

これに対して、グレグソン次官補は「それはダメだ。普天間米軍基地の〝最低でも県外〟という主張を撤回しない限り他の問題について協議するつもりはない」と会談開始10分内に席を立ちます。

そして10月、ゲーツ国防長官が来日しますが、いったんは設定された北澤防衛相との食事を断り、これは「鳩山政権への強烈な不快感の表明」と報道されます。

鳩山内閣発足前、「最低でも県外」を最も強く主張していたのは岡田克也氏だったのですが、外相に就任するや早々にこの方針を取り下げます。

鳩山潰し③　外務省は早々に、局長や事務官が在京米国大使館と鳩山首相の意向に沿わない意思表示をしています

ウィキリークスが在京米国大使館員と外務省員の会談録を発表しましたが、外務省

の局長や事務官が在京米国大使館とともに、鳩山首相の意向に沿わない意思表示をしていることが記録されています。

鳩山潰し④　「トラスト・ミー」を誰が間違って新聞にリークしたのでしょうか

鳩山首相に対しては、同人の信用を失わせる意図的な報道が続きました。

例えば「首相在任中の平成21年11月に東京でオバマ米大統領と会談した際、米軍普天間飛行場の名護市辺野古への移設決着に向け『トラスト・ミー』（私を信じて）と発言したことについて」（産経新聞）と報道しています。

ではこの「トラスト・ミー」という言葉はどこで発せられたのでしょうか。

まず、関係大臣などが出席した全体会議ではありません。

鳩山元首相、植草一秀氏と私が鼎談したことがありますが、ここで鳩山元首相は次のように述べています。

「実際に〝トラスト・ミー〟と言ったのは、会談の最後で、二人しかいないところでした。食事のあと、官邸の茶室にちょっと寄っていただきたいと申し上げて、そこでオバマ大統領が好きだというジャーマンアップルケーキを一口食べて、そこで私が最後に言ったのが〝トラスト・ミー〟なのです。その前の段階で、さまざまな話をして、〝トラスト・ミー〟と言ったのは、もう最後で、通訳もいない所で、二人だけの時でした」

「〝トラスト・ミー〟の意味は、一般的な報道では、最後に辺野古にもっていきますから信用してくださいという意味で解釈されてきましたよね」

「そういう意味では言っていません」

二人だけの発言を誰が、間違った形で述べたのでしょう。鳩山首相（当時）ではありません。オバマ大統領ではありません。では誰でしょう。誰が貶める発言をしたのでしょう。

鳩山首相に関しては、官僚とマスコミが一体になって事実を歪め、鳩山首相への「人物破壊」が行なわれていました。

鳩山潰し⑤　鳩山元首相を貶める報道は今日も続いています

２０２０年11月17日、ＮＨＫは「アメリカのオバマ前大統領が回顧録を出版し、就任後に初めて会談した当時の鳩山総理大臣について、〝硬直化し、迷走した日本政治の象徴だ〟と記すなど、当時の日本政治に厳しい評価を下しています。

しかし、この報道は極めて歪んだ報道をしています。重要なので原文を見てみます。

“A pleasant if awkward fellow, Hatoyama was Japan's fourth prime minister in less than three years and the second since I'd taken office—a symptom of the sclerotic, aimless politics that had plagued Japan for much of the decade."

まず鳩山氏を"A pleasant if awkward fellow"、「心地よい、ひょっとして不器用かもしれない人物」と好意的評価をしているのです。

そして、次いで「鳩山氏は3年間で四人目の首相で、自分が大統領になって二人目の首相であるが、これらは、10年の期間にわたって日本を襲ってきた、硬直した無目的な政治の象徴かもしれない」としていて、10年間の日本政治の評価であって、鳩山氏個人の評価ではありません。

こうした政治的に極めて重大な誤報を行ないながら、NHKは修正や謝罪報道はしていません。

鳩山氏への「人物破壊」は続いているのです。

米国に隷属しても米国は日本を守ってくれません。守れないのです。

ここでは一つだけ言及しておきます。

多くの人々は、「日本は米国に守ってもらっているから、隷属しても、実を取ればいいじゃないか」と考えておられると思います。

でもこれは違います。

中国の軍事力が充実し、もはや米国に依存しても日本は守られないのです。

アメリカにランド研究所があります。多くの国務長官、国防長官、安全保障担当大統領補佐官を出している米国最高の軍事研究所です。

ここが２０１５年、「アジアにおける米軍基地に対する中国の攻撃」という報告書を出しました。重要なので主要点を抜粋します。

○中国は自国本土周辺で効果的な軍事行動を行なう際には、全面的に米国に追いつく必要はない。

○特に着目すべきは、米空軍基地を攻撃することによる米国の空軍作戦の阻止、低下。

○一九九六年の段階では中国はまだ在日米軍基地をミサイル攻撃する能力なし。

○中国は日本における米軍基地を攻撃しうる１２００の短距離弾道ミサイルと中距離弾道ミサイル、巡航ミサイルを保持。

○ミサイルの命中精度も向上。

○滑走路攻撃と基地での航空機攻撃の二要素がある。

○台湾のケース（実際上は尖閣諸島と同じ）は嘉手納空軍基地への攻撃に焦点を当てた。台湾周辺を考慮した場合、嘉手納基地は燃料補給を必要としない距離での唯一の空軍基地である。

○ミサイル攻撃は米中の空軍優位性に重要な影響を与える。それは他戦闘分野にも影響を与える。
○空軍を多くの基地に分散させるなどして、中国の攻撃を緩和することができる。
○米中の軍事バランス。

	台湾周辺	南沙諸島（南シナ海南部）
1996年	米軍圧倒的優位	米軍圧倒的優位
2003年	米軍圧倒的優位	米軍圧倒的優位
2010年	ほぼ均衡	米軍圧倒的優位
2017年	中国優位	ほぼ均衡

この報告書は日本ではほとんど報告されていません。

しかしこの報告書が出た時、防衛省内は仰天しています。

この報告書の意味するところは、米国に頼れないということだけではありません。日本が戦闘機で中国に対峙しようとしても、発進する基地の滑走路を壊せば飛び立てないのです。そうすれば戦闘地域では中国の戦闘機の数は圧倒的優位に立ち、日本にはなす術がありません。日本の安全保障政策全体に深刻な影響を与えるものです。

つまり、中国の軍事的脅威に、軍事的手段では対抗できないのです。だから防衛省は沈黙を守っているのです。そしてメディアも報道できないのです。

この問題は重要なのでいま一つ引用します。外交問題・安全保障の権威、グレアム・アリソン教授（1940－）はハーバード大学ケネディ行政大学院の初代院長で、高く評価されている学者ですが、『フォーリン・アフェアーズ』誌2020年3月号に発表した「新しい勢力圏と大国間競争」の中で、「台湾海峡有事を想定した18のウォーゲームのすべてでアメリカは敗れている」と記述しています。

なぜ今日も鳩山氏や小沢氏バッシングが続いているのでしょう。

日本社会は占領期を経て、米国に隷属する社会になっているのです。隷属する社会は政治家、官僚、経済界、学界、報道マスメディア等すべてに及びます。

これらの社会は「米国に喜ばれる」ことを目的に行動してきましたから、道義的、真の国益的基盤は極めて脆弱なのです。

いったん道義的、真の国益的動きが出ると、これらの社会は脆く崩れる危険性をもっているのです。

そして彼らは小沢一郎氏や鳩山由紀夫氏の中に道義的、真の国益的主張があることに気づいているのです。ですから執拗に小沢一郎氏と鳩山由紀夫氏の両名、およびこれにつながる人々の信頼をなくすように動いているのです。

最後にもう少し、グレアム・アリソンの説明を見ておこうと思います。

これまで、私はずいぶんと、「アメリカに潰された政治家」について論じてきました。納得された方も多くおいでのことと思います。だが、これまで読まれた方の中に、「孫崎さんは勝手なストーリーを作って、それに適合する事例を集めてきただけだ」と言われる方がおいでと思います。

アメリカで発表された「自分たちは都合の悪い政治家を葬ってきた」という記述を見ない限りは信じないという人もおいでと思います。その方はアリソンの文章を読んでみてください。

彼が初代院長を務めたケネディ行政大学院の特徴は、パブリックセクターにおけるリーダーシップ育成です。彼は第一期クリントン政権の政策担当国防次官補として、対ロシア（旧ソビエト）政策を担当しました。米国のワシントン、学界での最も権威ある人材と言えます。

彼は、さきほど言及した『フォーリン・アフェアーズ』誌の同じ論考で、次のように記しています。

勢力圏とは、「自国の影響下にある地域で、他国が服従することを求めるか、支配的影響を行使できる空間」のことだが、（冷戦後の）アメリカがそうした勢力圏を意識しなくなったのは、この概念が時代遅れになったからではない。むしろ「世界全体がアメリカの実質的な勢力圏になった」からだ。

「（冷戦の終結において）世界における複数の勢力圏が一つの勢力圏へとまとまりをみせた」と言い換えることができる。強国がその意思を弱体な国に押しつけることに変わりはなかった。実際、他の世界は、アメリカのルールで行動することが強要された。そうしなければ、体力を奪われる経済制裁から、公然たる体制変革までの、かなりの代償を支払わされる。

米国に従わなければ、米国は「体制変革まで」仕掛けてくるのです。

「アメリカに潰された政治家」が日本で出てきたのは、アメリカの対外政策の特殊な例ではなく、アメリカの対外政策の本質から出てきたものなのです。

●第3章…………

戦後最大の対米追随政権

1. オスプレイが示した野田政権の本性

「日本がどうしろという話ではない」

12年7月31日、野田内閣は、米軍の新型輸送機MV－22オスプレイの日本国内での低空飛行訓練に関して、「地上の人や物件の安全のために低空飛行を制限する航空法は適用されない」とする政府答弁書を閣議決定しました。

オスプレイとは、アメリカのベル社とボーイング・バートル社が共同開発したティルト・ローター機（ヘリコプターと固定翼機を合体させたような垂直離着陸式の軍用輸送機）のことで、その特殊な構造ゆえに、試作段階から量産段階に至ってもまだ、事故が頻発しています。これまでに60件以上の事故が起き、２０００年4月8日に起きた事故では、乗員4名と米海兵隊員15名の計19名全員が死亡するという大惨事となり、アメリカでは〝未亡人製造機〟とまで呼ばれています。

政府は、他の米軍の輸送用ヘリコプターに比べれば事故率は低く、安全だとの主張を繰り返してきましたが、琉球新報は12年8月3日付の記事で、「米軍側が重大事故に当たる事故評価基準（損害額）を引き上げたり、実戦配備の際の危険任務を回避したりして、意図的に安全性を強調する安全記録が作られてきた疑惑が生じている」と報じています。米海兵隊は、事故の基準に関して、損害額100万ドル以上をAクラスの重大事故としてきましたが、09年以降は200万ドルに変更し、事故率を低く見せかけるように調整していた疑惑が持ち上がっているのです。変更前の基準を適用すれば、オスプレイの事故率は海兵隊全体の事故率を大幅に上回ります。

街中で墜落事故が起きれば、当然のことながら、乗員だけでなく、住民も被害を受けます。このような危険な機体であるにもかかわらず、米軍は山口県の岩国基地と沖縄県の普天間基地に配備し、12年10月から運用を開始しようとしています。（その後、普天間基地ではそのまま実行され、２０２１年２月に５機が岩国基地に一時陸揚げされた。）

それに対して、岩国市でも宜野湾市でも住民の間に不安が広がり、反対運動が起きているのはご存知の通りです。住民は身の危険を感じ、日本政府に対して、アメリカと交渉して配備計画の見直しをさせるように頼んでいるのです。

ところが、野田首相は、7月16日のフジテレビのインタビューで「配備自体はアメリカ政府としての基本的な方針で、（日本が）それをどうこうしろという話ではない」

と発言し、政府としても、わざわざ「地上の人や物件の安全のために低空飛行を制限する航空法は適用されない」という答弁書の閣議決定までしたのです。さらに、森本敏防衛相に至っては、7月24日の記者会見で、記者団からの「沖縄配備、あるいは本格運用時に地元の合意というのは配備の前提条件になるのか」という質問に対し、「この問題で前提条件というのはないと思う」とまで語っています。日本はアメリカの言いなりだと認めているも同然です。

戦後、多くの政治家が首相を務めてきましたが、ここまで盲目的に対米追随を貫いた首相は他に知りません。「国内の航空法は適用されませんから、アメリカさんの自由にしていただいて構いませんよ」ということを閣議決定するというのは、国家主権の放棄と言っても過言ではないでしょう。

むしろ、建前上は日本国民を守るために米軍がいるのだから、「米軍は日本の国内法をできるだけ尊重して行動するべき」とアメリカに突きつけるのが日本政府の役割ではないでしょうか。もし私が首相に進言できる立場にある官僚だったら、この文言を入れたはずです。これは少々、役人的な文法で、嫌らしい話になりますが、「できるだけ尊重せよ」というのは「絶対やるな」と言っているわけではないのです。やむにやまれぬときには、尊重できないケースがあっても仕方がないと含みをもたせているわけで、現実の外交の現場では、こういった曖昧さをもたせることで、両者の顔を立てて妥協点を見出したりするのです。

ところが、この答弁書にはそういった官僚的な建前さえなく、日本政府みずから「航空法は適用されない」と明示的に排除し、アメリカにしっぽを振ってにじり寄っているわけです。日本人の国民感情に対する配慮は一切なく、むき出しの対米追従がそのまま出ています。野田首相は、いったいどこの国の首相だったのでしょうか。

橋本龍太郎は戦った

そもそもオスプレイは、沖縄の米軍基地を普天間から辺野古へ移転させた後に配備する計画でしたが、辺野古移転が暗礁に乗り上げているために、アメリカは普天間に配備しようとしているのです。

だからといって、日本側はオスプレイ配備を「仕方がない」と諦めなければならないということはありません。日米間には「合意」があるのです。

96年1月に村山富市連立内閣の退陣を受けて、橋本龍太郎が政権の座につきました。橋本は、「自主路線」と「対米追随路線」のどちらに分類するか難しい人物ですが、少なくともただアメリカの言いなりになっただけの人ではありませんでした。

96年2月23日の米クリントン大統領との日米首脳会談において、橋本は住宅地のど真ん中に位置する普天間基地の危険性を訴え、普天間飛行場の返還を要求しました。

翌97年6月23日にはニューヨークのコロンビア大学での講演で、「何回か、日本政府がもっている米国債を大量に売りたいとの誘惑にかられたことがある」と発言し、翌日ニューヨーク株式市場は大きく株価を下げました。アメリカに対して脅しまでかけているのです。

私は外務省にいたときに、何度か官邸の橋本のもとへ報告に上がったことがあります。橋本のスタンスは「俺はお前らより偉いんだ。だけど、お前の言うことは一生懸命に聞くよ。だから、お前のもっている知恵は全部出して、俺に知恵をつけさせろ。ただし、最終的に決めるのは俺だ。いったん決まったら、後からごちゃごちゃ言うな」というものでした。

橋本に楯突いたら、どこに飛ばされるかわからないという緊張感があり、官僚の側も真剣に知恵を出すよう努力しました。橋本は官僚を非常にうまく使う人だったのです。

橋本は前面に立って粘り強い交渉を続け、米国との間で「沖縄住民の負担を軽減する」という日米合意を取り付けました。

確かに、日本側は「普天間の代替基地を用意する」という約束を果たしていませんが、基地移転の本来の目的は「沖縄住民の負担軽減」であり、それに反する以上、交渉の余地は十分にあるのです。今より危険な状況を生み出す計画に待ったをかけるのは、国民の生命・財産を守るべき日本政府の役割ですが、野田政権はその使命をまったく果たそうとしていませんでした。

オスプレイ問題で政府はもうひとつ大きな失敗をしています。普天間基地だけでなく、岩国基地にも陸揚げを許したことです。

岩国に配備されたことによって、日本国内にはいくつかの飛行ルートが生まれます。基本的に日本人のなかには、米軍基地に対して反発する感情がありますが、これまで日本政府は基地を沖縄に閉じ込め、負担を押し付けることによって本土の人々には見えないようにして反基地のムードを抑え込んできました。

ところが、配備の必要がない岩国にまで陸揚げを認め、飛行ルートを作ったことで、本土の人々にも不安が広がり、反基地感情を盛り上げる種を蒔いてしまったわけです。

（オスプレイは2018年に横田基地に正式配備され、2021年にも再び岩国基地に陸揚げ、それがさらに木更津駐屯地に配備されようとしている。）

先日、関西のあるテレビが取材にきたので話を聞くと、「沖縄問題は視聴率が悪かったからそういう企画を立てなかった。しかし、今回は本土も飛行ルートに入りますから、我々も報道します」と意気込んでいました。野田政権は、わざわざ批判の声を全国に広げたのです。

しかし、政治不信が極まるこんな時期に、なぜ日本もアメリカもこんなバカな決定をしたのかというと、結局は、アメリカから野田政権はそれほど甘く見られたということでしょう。ゴリ押しすれば野田や森本敏防衛大臣はすべて唯々諾々とすべてのむから、配備を進めてしまおうということです。

沖縄返還を求めるよう佐藤首相に進言したライシャワー元駐日大使の特別補佐官だったジョージ・パッカード米日財団理事長は、対米自主政策をアドバイスしてくれる貴重な親日派です。鳩山首相が県外移設を目指している最中にパッカードが来日し、私は意見交換の場を得ました。その時のパッカードの意見がこうです。

「残念ながら普天間問題では海兵隊の論理が国防総省の論理になる。国防総省の論理はホワイトハウスの論理になる。これがいちばん大きな問題だ」

10年6月にも来日して防衛省防衛研究所主催の日米安保改定50周年セミナーで講演したとき、「県民輿論は県外を望んでいる。鳩山首相はより確固たる解決策を示すべきだった」と述べ、あくまで県外移設を追求すべきだったとの見解も示しています。

今回の一件もまさに海兵隊の論理を日本に押し付けてきた格好ですが、日本側は政治のトップレベルで「沖縄や岩国にオスプレイが配備されると沖縄県民の激しい反発が起き、日米安全保障条約に基づく日米同盟にとってマイナスになるから、見直すべきである」とアメリカに要求し、粘り強く交渉をしていれば、避けられた事態だったたのです。反基地感情を軽視したアメリカ側にとっても大きなミスだったと言えるでしよう。

前章で述べた通り、普天間基地問題で「最低でも県外」と明言した鳩山由紀夫は、マスコミや評論家などから「アメリカは激怒している」と脅かされ、さまざまな圧力によって失脚し、その後を対米追随路線の菅政権、野田政権が引き継ぎました。その裏工作の成功によってアメリカは油断したのでしょう。オスプレイ配備に対する住民の反発がこれほど強く、全国に広がりを見せるなど予想もしなかったはずです。

米軍完全撤退を主張した重光葵（まもる）

現在の日本では、米軍完全撤退や有事駐留論はおろか、「普天間基地を県外へ移転させる」というだけで、「とんでもない暴論」とみなされてしまいます。これは60年安保闘争以降に対米追随路線が勢力を拡大していくなかで「常識」になってしまいました。しかし、過去においては決してそうではなかったのです。

1951年に締結された旧安保条約は、サンフランシスコ講和条約が締結された直後に、吉田茂首相が密室で調印して締結されました。

旧安保は、国務省政策顧問（後に国務長官）のジョン・フォスター・ダレスの「我々（米国）が望むだけの軍隊を、望む場所に、望む期間だけ駐留させる権利を確保する、それがアメリカの目標である」という、日本人からすればとうてい容認できない方針で起草されていました。

しかし、当時の日本は、アメリカとの戦争で完膚無きまで叩きのめされ、アジアの小国に落ちぶれ、復興も端緒についたばかりの状態です。そんな時期に、この不平等な条約を改定して米軍撤退を要求する気骨のある人間がいたのかというと、実はいたのです。

鳩山の祖父である鳩山一郎内閣（1954年12月－1956年12月）で外務大臣兼副総理を務めた重光葵は、まさに自主路線を代表する政治家でした。重光は1945年9月2日に米戦艦ミズーリ号甲板で、ポツダム宣言受諾の降伏文書に、日本政府全権として調印した人物でもあります。

1955年7月、重光外相は、当時のアリソン駐日大使と会談して、米軍撤退に関して驚くべき要請をしています。

「1955年7月21日、アリソン大使はダレス長官に機密あつかいの電報を送り、重光から私的かつ非公式なレベルで安保改定についての具体的な提案が出されたことを報告した。

重光の提案した内容は、このアリソン電報と提案を要約してその利点と問題点を説明した国務省内のメモによって知ることができる。

1、米国地上軍を6年以内に撤退させるための過渡的諸取り決め
（米側コメント：緊急時に米軍を送り戻す権利を維持すること）

2、米国海空軍の撤退時期についての相互的取り決め、ただし、遅くとも地上軍の撤退完了から6年以内
（米側コメント：一般的に米国海空軍は日本に無期限に維持されることになるだろうと考えられてきた。われわれは日本側の提案に合わせるよりもかなり有利な取り決めを手に入れたいところである）

3、日本国内の米軍基地と米軍は、NATO諸国と結んでいる諸取り決めと同様な取り決めのもとで、相互防衛のためだけに使用されること
（米側コメント：基地使用の明示的な制限はあきらかに好ましくない）

4、在日米軍支援のための防衛分担金は今後廃止する

重光外相は、米国地上軍を6年以内、米国海空軍を米国地上軍の撤退から6年以

内、合計12年内に米軍の完全撤退を提言している」

（坂元一哉「重光訪米と安保改定構想の挫折」〔『三重大学法経論叢』１９９２年12月〕より）

これを読んで驚かれた方も多いのではないでしょうか。重光は、アメリカに対して「12年以内の米軍完全撤退」と「防衛分担金の廃止」を主張していたのです。

この重光の提案に対してアメリカは「激怒した」のかというと、決してそんなことはありません。少なくともアリソン駐日大使は違いました。米側のコメントを読めば、海空軍の撤退については交渉が必要としながら、地上軍については「緊急時に米軍を送り戻す権利を維持」できればいいとしていることがわかります。重光は「米軍は米国の都合で日本に留まっている」ということをよくわかっていたのです。一方で、米国内にも、日本側のさまざまな要望を真剣に検討する姿勢は、過去には存在していました。

普天間基地ひとつ動かすことさえ「非現実的だ」として検討しようともしない現在の官僚や政治評論家たちは、こういう歴史を知っているのでしょうか。

2. 日米地位協定という不平等条約

レイプされても起訴できない

12年7月21日、神奈川県内のショットバーで、米軍厚木航空基地に所属する米兵が泥酔し、家に送り届けようとした女性を襲ってレイプする事件が起きました。米軍基地に勤務する米兵によるレイプ事件はこれまで数限りなく起きていますが、今回のこの事件は、その後異様な経緯を辿ります。

『週刊文春』（12年8月16日・23日合併号）の報道によると、米兵の隙を見て逃げ出した女性は、在日米軍憲兵隊に通報。憲兵隊から神奈川県警大和署に連絡が入り、同署は米兵の自宅などを家宅捜索しました。ところが、警察署の幹部が逮捕状を請求しようとしたところ、司法当局から待ったがかかったというのです。同誌の取材に対して、神奈川県警関係者はこう述べています。

「『オスプレイ配備の問題もあるため、米軍関連で波風が立つのは好ましくない』というのがその理由。被害女性にそんな言い訳が通用すると思っているのか。現場の怒りは相当なものですよ」

これが本当であれば、とんでもない話です。

この事件を起こしたのが普通のアメリカ人観光客であれば、逮捕・起訴され、日本で裁判にかけられ、有罪判決が出れば相応の罰を受けることになります。ところが、米軍基地に勤務する将兵や軍属・家族はそうはならず、しかも今回の事件のように容易に政治的な介入を許してしまう状況があるのです。

95年9月4日に沖縄で、米海兵隊員2名と米海軍軍人1名の計3名が、12歳の女子小学生を拉致し、集団レイプする悲惨な事件が起きましたが、当初、アメリカ側は実行犯である3名の引き渡しを拒否したため（その後、日本側に引き渡され、96年に那覇地裁で有罪）、沖縄では大規模な反基地・反米運動に発展しました。

こういう事態が起きる原因は、日本政府とアメリカ政府の間に「日米地位協定」があるからです。

「裁判権」に関して、地位協定第17条には、「合衆国の軍法に服するすべての者に対し、合衆国の法令により与えられたすべての刑事及び懲戒の裁判権を日本国において行使する権利を有する」と定められています。公務執行中に起きた事件については、第一次裁判権を米軍がもち、公務外で基地外で起きた事件については日本当局が第一次裁判権をもつとされています。そして、第一次権利を有する国は、裁判権を行使しないと決定したときには、できる限り、速やかに通告するとも定められています。

もしこの条文通りに運用されているのであれば、さほど大きな問題は起きないはずです。しかし、現実は異なります。日本政府は1953年10月に、米兵や軍属・家族の犯罪で日本側に第一次裁判権がある場合でも、「著しく重要な事件」を除けば裁判権を放棄するとの「密約」を米国と交わしていたことが明らかになっています。つまり、この条文は、日本側の第一次裁判権を放棄することが前提で作られているのです。

さらに、第17条5（C）には、日本で裁判を受けるべき被疑者であっても、アメリカが先に身柄を拘束した場合は、身柄の引き渡しは検察により起訴がなされた後になると定められています。先に米軍が身柄を拘束してしまうと、日本の警察は本人に尋問できないので、起訴までに十分な捜査ができず、証拠を集められないわけです。

これにより何が起きるのかというと、たとえば、先ほど例にあげた神奈川県でのレイプ事件の場合、日本の検察から逮捕状が出ず、警察が被疑者を逮捕して身柄を拘束できないことになれば、米軍が被疑者を逮捕し、軍法会議で非常に軽い処分で済ますこともできるわけです。

『しんぶん赤旗』（09年5月16日付）の報道によれば、日本平和委員会の法務省への情報公開請求で、01年から08年に公務外で犯罪を犯した在日米軍人3829人の内、約83%にあたる3184人が不起訴になっていることが明らかになりました。「殺人や強盗など逃れようのない凶悪犯罪については起訴率が7割台となっていますが、公務執行妨害、詐欺、横領はすべてが不起訴になっています」「同時期の日本国内での強制わいせつ・強姦（致死傷を含む）の起訴率は約59%ですが、米軍関係者の場合、強制わいせつ約11%、強姦約26%にとどまっています」と報告されています。1953年の「密約」が今も生きているのです。

95年の少女レイプ事件では、沖縄県民の怒りが爆発しました。県議会、市議会で相次いで米軍への抗議決議が採択され、95年10月21日には宜野湾市で県民総決起大会が開かれ、約8万5000人（主催者発表）もの県民が参加して、米軍基地の整理・縮小や日米地位協定の見直しを訴えました。

こういった住民の抗議活動を受け、日本政府はアメリカ政府との間で、次のように「合意」しました。

1、合衆国は、殺人又は強姦という凶悪な犯罪の特定の場合に日本国が行なうことがある被疑者の起訴前の拘禁の移転についてのいかなる要請に対しても好意的な考慮を払う。合衆国は、日本国が考慮されるべきと信ずるその他の特定の場合について同国が合同委員会において提示することがある特別の見解を十分に考慮する。

2、日本国は、同国が1にいう特定の場合に重大な関心を有するときは、拘禁の移転についての要請を合同委員会において提起する。

凶悪犯罪の場合は、身柄の引き渡しに関して「好意的な考慮」を払うと言っています。ただし、これは「合意」であって、運用を改善すると言っているだけで、日米地位協定の「改正」ではないことに注意してください。地位協定はビクとも動いていないのです。

それどころか外務省は「地位協定に問題はない」という驚くべき認識を示していました。

ウィキリークスで明らかになった、2008年4月8日付の藪中三十二・外務事務次官とシーファー駐日大使の会談内容です。そのなかで藪中は「反対派は（地位）協定の改定をもとめているが、外務省の立場は、何ら問題なく制度は機能している」と発言しています。その前月には神奈川県で脱走兵がタクシー運転手を殺害、その前の月にはまたもや沖縄で、女子中学生を車内へ連れ込み、強姦した事件で海兵隊員が逮捕されていたにもかかわらず、です。

アメリカに日本を守る義務はない

そもそもこの日米地位協定とは、いかなるものなのでしょうか。

その歴史は、1951年に締結された「旧安保条約」と、同時に結ばれた「日米行政協定」にさかのぼります。

「行政協定」というのは、政府が立法機関である国会の承認を必要とせずに、外国と締結する協定のことです。旧日米行政協定は、対米追随路線の代表格である吉田茂首相のもとで締結されました。

旧日米安保条約は5か条で構成されていますが、日米の安全保障について定めているのは、次の二つの条文です。

第1条「アメリカ合衆国の陸軍、空軍および海軍を日本国内およびその附近に配備する権利を、日本国は、許与し、アメリカ合衆国は、これを受諾する。

この軍隊は、極東における国際の平和と安全の維持に寄与し、ならびに、一または二以上の外部の国による教唆または干渉によって引き起された日本国における大規模の内乱および騒じょうを鎮圧するため、日本国政府の明示の要請に応じてあたえられる援助を含めて、外部からの武力攻撃に対する日本国の安全に寄与するために使用することができる」

第3条「アメリカ合衆国の軍隊の、日本国内およびその附近における配備を規律する条件は、両政府間の行政協定で決定する」

この条文がもつ意味について、歴史学者のシャラーは『「日米関係」とは何だったのか』のなかで、「これらの軍隊には日本の防衛は要求されておらず、いつでも引きあげることができ、また日本国内の騒乱にも使用することができた」と述べています。

これには驚かれた方も多いと思いますが、条文をよく読めば意味がわかります。第1条では、アメリカが日本国内に軍隊を置けるとしながら、武力攻撃に対する日本国の安全に寄与するために「使用することができる」としているところがキーポイントになります。「できる」ということは、法律上の義務ではないということです。

実際に旧安保条約の交渉担当者だったダレス長官は、『フォーリン・アフェアーズ』誌1952年1月号で、「米国は日本を守る義務をもっていない。間接侵略に対応する権利はもっているが、義務はない」と書いているほどです。

少なくともアメリカは、1960年に新安保条約に改定されるまで、日本を防衛する義務を負わず、しかもその気もなかったということです。

あくまで自国の都合で日本国内に基地を欲するという姿勢から生まれたのが旧安保条約であり、その第3条において、日本に駐留する米軍の条件について「行政協定」で決定するとしているわけです。

実は、旧安保条約よりもこの日米行政協定の条文こそが重要であり、ここにアメリカの意思がはっきり現れています。

日米開戦前に外務省アメリカ局長を務め、1946年に外務次官にもなった寺崎太郎氏は、著書『寺崎太郎外交自伝』（寺崎幸子編）でこう述べています。

「周知のように、日本が置かれているサンフランシスコ体制は、時間的には平和条約（講和条約）―安保条約―行政協定の順序でできた。だが、それがもつ真の意義は、まさにその逆で、行政協定のための安保条約、安保条約のための平和条約でしかなかったことは、今日までに明らかになっている」

つまり、アメリカの真の目的は、日米行政協定を結ぶことにあり、そのための安保と講和だったということです。しかも、この協定は60年の新安保条約で名前を日米地位協定と改めましたが、ほぼそのままの内容で今日まで継続しているのです。

米軍基地は自動的に延長される

すでに一度紹介していますが、改めて行政協定の条文を見ていきましょう。重要なのは第2条です。

行政協定第2条「日本国は合衆国に対し、（略）必要な施設および区域の使用を許すことに同意する。（略）いずれか一方の要請があるときは、前記の取り決めを再検討しなければならず、（略）施設および区域を日本国に返還すべきことを合意することができる」

ここでいう「施設および区域」とは米軍基地のことです。この条文がまさに、ダレス長官が述べた「我々（アメリカ）が望むだけの軍隊を、望む場所に、望む期間だけ駐留させる権利を確保する、それが米国の目標である」という目的を表しています。

「日本国は合衆国に必要な施設および区域の使用を許すことに同意する」というのは、アメリカの自由な意思で基地を設置できるということを意味し、「施設および区域を日本国に返還すべきことを合意することができる」というのは先ほどと同じで、「できる」だけで義務ではないのです。

日本側が再検討を要請してもアメリカが合意しなければ、現状が維持されるだけなのです。前出の歴史学者、シャラーもこう述べています。

「（行政協定においては）日本側が現行の基地を貸すことをためらっても、アメリカの権利は自動的に延長されることになっていた」(『「日米関係」とは何だったのか』)

日本側が基地および区域の返還を求めても、アメリカにはそれに応じる義務はない。永久に基地を使用する権利をアメリカは獲得したわけです。

あまりにアメリカ側に有利な取り決めなので、第1章でも触れましたが、岸首相は旧安保条約だけではなく、日米行政協定までなんとしても改定して、基地の返還を求められるようにしたかったのです。新安保条約締結の後、騒乱の責任を取って岸は退陣しました。確かに、この新安保締結のときに、日米行政協定は日米地位協定に名前を変えて改定されています。どう変わったのかというと、第2条は次のような条文になっています。

地位協定第2条「いずれか一方の要請があるときは、前記の取り決めを再検討しなければならず、また、前記の施設および区域を日本国に返還すべきこと、または新たに施設および区域を提供することを合意することができる」

すでにお気づきと思いますが、若干表現が変わっただけで、結局は「合意することができる」と、相変わらず義務にはなっていません。このように地位協定は行政協定とほとんど変わらず、アメリカが一方的に有利であることに変わりはないのです。

それ以降、日米地位協定の見直しを求めて、アメリカに対して具体的に働きかけて成果を挙げた政治家は一人もいません。95年の沖縄少女レイプ事件で、凶悪事件については「好意的な考慮を払う」という「合意」ができただけで、50年前に締結されたこの協定はまったく改定されていないのです。

この協定を改定することは不可能なのかというと、決してそうではありません。

ドイツでは、日本と同様にＮＡＴＯ軍（実質的には米軍）の駐留に関して、「ＮＡＴＯ軍地位補足協定（ボン補足協定）」を１９５９年8月3日にＮＡＴＯ諸国と締結しています。ドイツは日本と違い、自国に駐留する軍に対して自国国内法の適用範囲を広げるため、粘り強く交渉を続け、１９７１年10月、１９８１年5月、１９９３年３月の3度にわたって改定に成功しています。地位協定を変えることは決して不可能ではないのです。

ところが日本は、50年前に締結された地位協定がまるで不可侵であるかのように信じています。それどころか、鳩山由紀夫首相のように、基地移転の交渉をしようとしただけで、米国はおろか、同胞である日本人からも総攻撃を受け、退陣を余儀なくされました。自主路線の政治家は、常にこうして対米追随路線の圧力で潰されてきたのです。

3. TPPで日本経済が崩壊する

菅直人の「第三の開国」暴言

鳩山政権が崩壊して、後を引き継いだのが菅直人です。菅がもともと、どのような外交姿勢だったのかは不明ですが、鳩山がアメリカの工作で失脚させられたのを目の当たりにした菅は、総理の座に就いて以降、極端なまでの対米追随路線を志向し始めます。

それがもっとも顕著に現れているのが、TPP（環太平洋戦略的経済連携協定）参加問題に対する態度です。11年1月29日、世界経済フォーラム年次総会（通称「ダボス会議」）で菅首相はこう述べています。

「私はいま、『第三の開国』を実現するという目標を掲げました。その具体的政策の大きなひとつが、経済連携の推進です。TPPにつきましては、昨年関係国との協議を始めました」

この発言に私が非常に違和感を覚えたのは、「第三の開国」という言葉に対してです。これはどういう意味なのでしょうか。

第一の開国は、皆さんもご存知の通り、1853年にマシュー・ペリー提督が率いるアメリカ海軍の艦船が神奈川県の浦賀に来航して開国を迫り、日本が鎖国を解いた歴史的な事件です。その後、日本はアメリカに治外法権を認め、関税自主権を放棄する日米修好通商条約を結ばされ、この不平等な条約は日本が日清戦争に勝利した後の1899年まで撤廃できませんでした。

では、第二の開国とは何でしょうか。おそらく多くの日本人はピンと来ないかもしれませんが、これは1945年の日米戦争の敗戦とアメリカによる占領を意味します。

1945年9月2日、東京湾に浮かぶ戦艦ミズーリ号の艦上で降伏文書調印式が行なわれましたが、実はミズーリ号の艦内には、ペリー提督が浦賀に来航したときに艦船に掲げていた星条旗をわざわざ引っ張り出してきて飾られていたそうです。つまり、日本を戦争で打ち負かして占領するという行為は、アメリカにとって「日本の第二の開国」だったのです。日本人の場合、敗戦と占領を『第二の開国』などとは呼びません。菅首相が口にした「第三の開国」とは、アメリカ側からの視点で見た言葉です。

第一の開国は、治外法権や関税自主権放棄などを定めた幕末の不平等条約、第二の開国は、アメリカによる占領と行政協定による米軍の自由な駐留、そして第三の開国が、TPPです。この三つはすべて、日本が望んだものではなく、アメリカが望んだ開国の形なのです。日本の立場から見れば、「開国」ではなく「占領」「従属」といった言葉の方がしっくりきます。

菅はポジティブなイメージとして「第三の開国」という言葉を使いましたが、これは対米隷属を宣言しているも同然です。おそらくは、彼の頭の中から出てきた言葉ではなく、アメリカ側の要人、あるいは担当者からブリーフィングなどを通じて聞かされたのでしょう。それを「なるほど、確かにそうだ」と鵜呑みにして、公の場で発言した彼に、アメリカと対等な立場で外交などできるわけがなかったのです。

TPPの大きなデメリット

では、「第三の占領」とでも呼ぶべきTPPは、どこに問題があるのでしょうか。

TPPは、太平洋周辺の加盟9か国（シンガポール、ブルネイ、チリ、ニュージーランド、アメリカ、オーストラリア、マレーシア、ベトナム、ペルー）の間で、2015年までに関税をほぼ例外なくゼロにし、それ以外にも自由競争の妨げとなっている非関税障壁を撤廃するとされています（その後、2017年にアメリカは脱退、日本では安倍晋三政権時の2018年12月末に発効）。

「市場の自由化」「規制撤廃」といえば、いかにも聞こえがいいですが、物事はそれほど簡単ではありません。

２０１０年10月19日のシンポジウムで外務大臣の前原誠司は、「１・５％（農業関係者）のために、98・５％が犠牲になっている」と述べ、米倉弘昌経団連会長も２０１０年10月26日の記者会見で「ＴＰＰに参加しないと、日本は世界の孤児になる。政府関係者には国益をよく考えてほしい」とまで言っています。

要するに、大きなメリットがあるから、小さなデメリットには目をつぶれと言っているのです。しかし、現実はまったく逆です。

ＴＰＰ加盟９か国の内、日本の貿易相手国として想定されるのはやはり市場規模が圧倒的に大きいアメリカです。しかし、日本の輸出全体で見た場合、輸出相手国のなかでアメリカが占める割合は、15・３％（２０１０年）にすぎません。ＴＰＰに加盟していない中国、韓国、台湾、香港の東アジア４か国の合計は39・８％で、こちらの方が存在として大きくなっています。

すでに貿易相手国としてアメリカはそれほど大きなシェアは占めていないのです。しかもアメリカの関税は現時点で日本の輸出で主となる工業分野で１・９％と低く、これがゼロになったとしてもほとんど影響はないでしょう。ＴＰＰに加盟して得られる利益は微々たるものなのです。

一方で、ＴＰＰ加盟で生じるデメリットは、決して小さくはありません。日本もアメリカに対して関税を撤廃することになるので、人・モノ・情報の受け入れ規制ができなくなります。

アメリカは農業大国であり、安い農産物が日本に押し寄せ、日本の農業は壊滅します。日本の農業の生産性が低いのは事実ですが、里山の自然は農村の活動に負うところが大きく、長い伝統のなかで、自然の一部として脈々と文化を紡ぎ続けてきました。そうした地域では、大規模化して生産性を上げようにも物理的にできないのです。

問題は関税撤廃だけではありません。環境・労働者・生産者を保護する目的の非関税障壁であっても、撤廃を迫られることになります。TPPは電気通信、金融、投資、政府・地方公共団体の調達、知的財産権など計24分野に及び、この分野で働く人々だけでなく、不利益は国民全体に及びます。

医療の分野では、日本が世界に誇る健康保険制度が崩壊する危険があります。現在は、高額医療に対しては公的な健康保険が適用されず、全額自費負担になっていますが、TPPに加盟すれば、医療費が低額か高額かで区別する対応はできなくなります。

たとえば、米企業が日本に病院を建て、得意の超高額な医療サービスを始めたとしましょう。現在の原則自己負担3割、保険7割という制度が高額医療に適用されれば、ただでさえ赤字の日本の健康保険制度は、早晩、破綻するでしょう。仮に混合診療（保険が適用される通常の保険診療に、保険外診療〈自由診療〉を併用すること）が認められたとしても、公的保険の負担が増大することに変わりはありません。

ＴＰＰはＩＳＤ条項（投資家保護条項）を検討しており、投資家が不利益を被ったと認識した場合、受けた損害について、投資先国政府に対し賠償を求めることができます。その場合、投資先国の裁判所ではなく、国際仲裁機関である投資紛争解決国際センター（ＩＣＳＩＤ）に提訴することになります。医療費が公的な健康保険制度でカバーされない場合、米企業が「不利益を被った」とＩＣＳＩＤに提訴することができるわけです。ＩＣＳＩＤの採決には強制力があり、「公共の利益」は考慮されず、「投資家がどれほど被害を被ったか」という観点だけで審議されてしまうのです。

日本医師会は11年11月2日、ＴＰＰが健康保険制度を崩壊させる懸念があることを正式に表明しました。日本政府はそれまで混合診療が全面解除される可能性を否定してきましたが、朝日新聞（11年11月8日付）の記事「混合診療、議論の可能性ＴＰＰ交渉で外務省見解」によれば、外務省は「混合診療の全面解禁が、ＴＰＰで議論される可能性は排除されない」との見解を示したといいます。今までこの事実を隠し、嘘をつき通してきたが、とうとう認めざるをえなくなったのです。

混合診療の導入で、公的な健康保険制度が崩壊すれば、個人は民間の保険に加入するしかなくなります。そうなれば、アメリカの保険会社が押し寄せてくるでしょう。これこそがアメリカの狙いなのです。

（ただし、米国では「アメリカ第一」を掲げるトランプ政権が成立し、早々とＴＰＰからの離脱を宣言したため、これらの懸念は実現しませんでした。バイデン政権になってこの政権がＴＰＰにどのような政策を出すかが注目されます。）

かつてアメリカは毎年「年次改革要望書」なるものを日本に対して突きつけていました。そこには「日本の諸制度をこう改革せよ」というアメリカの要望が並べられ、政治家や官僚は年次改革要望書を金科玉条のごとく信奉し、それに沿って規制緩和を進めてきました。

実際に、建築基準法の改正や法科大学院の設置、労働者派遣法改正などが実現し、極端な対米追随路線を突き進んだ小泉内閣では郵政民営化が実現しましたが、実はこれも年次改革要望書にはっきり書かれていました。

この年次改革要望書の存在は、近年までひた隠しにされてきました。郵政担当相だった竹中平蔵は国会で「見たこともありません」、首相の小泉は「思い過ごし」と否定しましたが、年次改革要望書の内容と、実際に行なわれた〝改革〟を突き合わせて比較すれば、すべてそこに書かれているのですから、言い逃れは不可能です。

この制度が廃止されたのは、09年、すなわち、自民党から民主党への政権交代が起き、鳩山内閣が誕生したときです。アメリカは鳩山内閣を潰すと、年次改革要望書に替わる新たな戦術を繰り出してきました。それがＴＰＰだったのです。

中国外交官スパイ事件の真相

原発事故問題で菅内閣が退陣した後を引き継いだ野田佳彦政権も、これまで触れてきましたように完全にアメリカの言いなりの対米追随路線をひた走ってきました。

ホワイトハウスのアーネスト副報道官は11年11月14日の会見で、12日に行なわれた日米首脳会談について、「すべての品目とサービス分野を貿易自由化の交渉テーブルにのせるとの野田首相の発言を、オバマ大統領は歓迎した」との発表文を公開しました。TPPを無条件に受け入れると言っているも同然で、アメリカに完全にしっぽを振っているのです。

さすがにまずいと思ったのか、野田は11月15日の参院予算委員会で、「会談の場では、そのような発言はしていない」と全面否定しましたが、一方のアメリカ側は、「発表文は正確」で、「修正するつもりはない」との認識を示しています。野田は「守るものは守り、勝ち取るものは勝ち取る」と宣言していましたが、真っ赤な嘘で、表から見えないアメリカとの交渉の場においては、服従の姿勢を示しているのです。

現実に、野田政権下においては、不可解な事件も起きています。

12年5月に在日中国大使館の李春光・一等書記官が、外国人登録証明書を不正に更新したとして警視庁から出頭要請を受け、この書記官にスパイ容疑が浮上しました。

問題になったのは、鹿野道彦農林水産相がこの書記官と接触をもっていたことで、農水省の機密文書を漏洩したとの疑いをかけられ、野党の自民党から激しく追及されました。

この事件が不可解なのは、この書記官はスパイというよりも、立場を利用して中国での農業関連の開発事業に出資を集める投資ブローカーをしていたと見られていたことです。それならばむしろ中国側が処罰すべき人物になります。しかも、こう言うと農水省に失礼かもしれませんが、農水省に他国に漏らしたら問題になるような機密情報が果たしてあるのでしょうか。

結局、鹿野農水相は、その直後の12年6月の内閣改造で交代することになりました。実質的には解任と言ってもいいでしょう。

長年、外務省で情報の仕事をしてきた私には、〝工作〟の臭いが感じられるのです。鹿野はもともと自民党の出身で、いわゆる〝農水族〟議員であり、TPPには反対の立場を取っていました。日米首脳会談で渡米して、TPPへの参加を表明したい野田にとっては邪魔な存在だったのです。

鹿野が更迭された後、6月4日に発足した第二次野田内閣で農水相に就任したのは郡司彰です。郡司は農協職員の労働組合である全国農林漁業団体職員労働組合連合の出身で、超党派の国会議員で構成される「TPPを慎重に考える会」（会長：山田正彦）の副会長も務めるなど、明らかにＴＰＰ反対派でした。ところが、入閣して数日後には郡司農水相は「政府の一員として全体を考える」と明言しました。野田内閣のＴＰＰ推進に協力すると言っているわけです。

つまり、中国外交官スパイ事件というのは、マスコミの力を利用して、ＴＰＰ反対派の閣僚のクビを切り、参加に反対しない議員にクビをすげ替えるために仕組まれた事件だった可能性が高いということです。

こういった裏工作に使える情報を集めるために、アメリカは日本で諜報活動をしているのです。スパイとしてデッチ上げられる〝証拠〟を摑んでストックしておき、必要なときにマスコミにリークしてやれば、マスコミは自分たちがＣＩＡに利用されているとは気づかずに喜んで報道し、結果的に、対米追随路線からの脱却を志向している政治家や官僚を失脚させることができます。

鳩山首相が提唱した東アジア共同体は、実質的にアメリカとの貿易だけのＴＰＰと違い、中国、台湾、韓国、香港という本当に日本とは関係の深いアジアの国を結ぶ構想でした。しかし、リチャード・アーミテージ元国務副長官やケビン・メア元国務省東アジア・太平洋局日本部部長らは、はっきりと「日本を東アジア共同体に入れさせない」と言っています。東アジア共同体への動きは全部潰し、その動きと連動しているのがＴＰＰへの日本の参加なのです。ＴＰＰを推進するグループは、アメリカに対する日本の隷属化を強化させ、中国との関係を断ち切らせることが目標になっているのです。

4. 尖閣問題で得するアメリカ

アメリカに尖閣諸島を守る気はない

軍事も経済も、これほどまでにアメリカに従属すれば、日本はそれに見合うだけのメリットが得られるのでしょうか。

少なくとも経済面については、前項で述べた通り、アメリカの強制でTPPに加盟しても、メリットは何もありません。

では、軍事面ではどうでしょう。対米追随派の政治家やマスコミは、「在日米軍があるからこそ、中国や北朝鮮の軍事的脅威から日本の領土は守られているのだ」と言います。

果たして本当にそうなのでしょうか。

直近の話題ですが、12年8月15日、中国から香港に渡った中国人活動家14人が、尖閣諸島に上陸して大きな問題となりました。彼らを強制送還させるだけで済ませた日本政府に対しては非難が集まりましたが、ここではその点については論じません。

皆さんに注目していただきたいのは、尖閣諸島で問題が起きるたびに、政府からもマスコミからも、「だから、沖縄に在日米軍が必要なのだ」という論があふれ出てくることに対してです。

しかし、沖縄に米軍が駐留していたら、本当に尖閣諸島を防衛してくれるのでしょうか。言い換えれば、尖閣諸島における有事の際に、日米安保条約は適用され、アメリカは米軍を派遣し、中国軍と対峙するのかどうか、ということです。この問題について論じてみたいと思います。

アメリカは、尖閣諸島について、二つのポジションを巧妙に使い分けています。

一つ目は、「尖閣諸島は安保条約の対象になっている」という考え方で、10年9月に起きた尖閣沖の漁船衝突事件の際も、ヒラリー・クリントン国務長官はこのように述べました。

確かに、日米安保条約第5条には、「日本国の施政の下にある領域における、いずれか一方に対する武力攻撃が、自国の平和及び安全を危うくするものであることを認め、自国の憲法上の規定及び手続に従って共通の危険に対処するように行動することを宣言する」とあり、尖閣が攻撃された場合、米軍が出動するのは自明なことのように思えます。

しかし、ここにはトリックが隠されているのです。

トリックとは、この条文の「自国の憲法上の規定及び手続に従つて」という表現です。つまり、日本領土が攻撃されたとしても、米議会の承認が得られない限り、米軍は出動しないと言っているのです。

ヒラリー・クリントンは嘘を言っているわけではありません。確かに尖閣諸島の有事に日米安保は適用されます。しかし、日米安保条約に従って、米軍が出動すべきかどうかが議会にかけられ、否決されれば出動しませんよ、ということです。

アメリカは、北大西洋地域における集団安全保障のために、カナダ、イギリス、フランス、ノルウェーなど西側諸国28か国（その後30か国に）との間で、「NATO（北大西洋条約機構）」を形成しています。これも同盟国関係と同じようなものですが、条文にはこうあります。

「武力攻撃が行なわれた時には国連憲章の認める個別的又は集団的自衛権を行使し北大西洋地域の安全を回復・維持に必要と認める行動（兵力の使用を含む）を個別的に及び共同して直ちにとることにより、攻撃を受けた締結国を援助する」

このNATO条約では、「攻撃されたときには、軍事を含めて必要な措置をとる、即行動する」と約束をしているのに対して、日米安保条約では、アメリカは憲法に従って議会にはかってから行動するのです。これが安保条約の現実なのです。

アメリカのもう一つのポジションは、「領土問題については、日中どちらの立場にも与しない」というものです。

05年に日米両政府のライス国務長官、ラムズフェルド国防長官、町村信孝外務大臣、大野功統防衛庁長官が署名して規定した『日米同盟　未来のための変革と再編』にはこうあります。

「日本は、弾道ミサイル攻撃やゲリラ、特殊部隊による攻撃、島嶼部への侵略といった、新たな脅威や多様な事態への対処を含めて、自らを防衛し、周辺事態に対応する。これらの目的のために、日本の防衛態勢は、2004年の防衛計画の大綱に従って強化される」

つまり、「島嶼防衛は日本の責任である」ことが明確化されているのです。尖閣諸島も、もちろんこの対象です。

アメリカは、中国が対台湾向けに沿岸部へ配備した強大な軍事力と、在日米軍だけで相対することを嫌がっています。だからこそ、日本に責任を押しつけてきたのです。

そうはいっても、実際に尖閣が中国に奪われればアメリカは黙っていないのではないかと思われるかもしれません。しかし、その考えも甘いと言わざるをえません。

知日派として知られるアーミテージ元国務副長官は、『日米同盟 vs. 中国・北朝鮮』のなかで、「日本が自ら尖閣を守らなければ、（日本の施政下になくなり）我々も尖閣を守ることができなくなるのですよ」と念を押すように言っています。

自衛隊が対応したにもかかわらず、尖閣諸島が中国に実効支配されてしまった場合、尖閣諸島は日本の施政下から外れるので、日米安保条約の対象外になり、米軍の出る幕はなくなると言っているのです。

つまり、アメリカは尖閣を「安保の対象」と言いながら、実際に中国が攻めてきた場合にも、さらに実効支配されたときですら、米軍が出動する義務を負わないよう、巧妙にルール作りをしてきたのです。

12年8月28日には、国務省の記者会見で中国人記者が、「米国が『領土問題については中立だ』といいながら『尖閣には安保条約が適用される』としているのは矛盾している」と噛みついていました。これは本来、日本人記者が聞くべき質問です。

モンデール駐日大使は、86年にニューヨーク・タイムズ紙で、「米国は（尖閣）諸島の領有問題にいずれの側にもつかない。米軍は（日米安保）条約によって介入を強制されるものではない」とまで明言しているほどです。

多くの日本人は「在日米軍は日本領土を守るために日本にいる」と信じていますが、モンデールははっきりと、アメリカには米軍を出動させる義務はないと言っているのです。

モンデールはこの発言をした直後に事実上、解任されています。本来は公の場で言ってはいけないことを、うっかり口に出してしまったからです。

尖閣上陸で浮上する「在日米軍必要論」

このように、尖閣諸島の問題にアメリカが介入しないことは明らかであるにもかかわらず、尖閣諸島で騒ぎが起きるたび、メディアでは「在日米軍必要論」が浮上してきます。

2010年の尖閣諸島中国漁船衝突事件は、沖縄県知事選挙（11月）の直前の10年9月7日に起きました。このときすでに鳩山首相が掲げた県外移設は実行不可能として頓挫し、日米合意の辺野古移設に戻っていました。

ここでまた、米軍基地反対の強硬派である前宜野湾市長・伊波洋一が勝ったりすると、県外移転案が再燃する可能性があったのです。そのタイミングで漁船衝突事件が起き、安全保障上、米軍基地が必要だとする意見が力を持ち、結局、僅差で伊波は敗北しました。

今回の中国人活動家上陸事件は、普天間基地へのオスプレイ配備が大問題になっているこの時期です。タイミングがよすぎるとは思わないでしょうか。

10年の衝突事件でも今回の上陸事件でも、中国政府が裏で糸を引いていると考える人が多いようですが、それは間違いです。

沖縄の米軍基地にオスプレイが配備されて一番困るのは中国ですから、日本で反対運動が起きているこの時期に、こんな騒ぎをわざわざ起こすはずがないのです。

中国は国威発揚の国であり、本気でやるならこんなチンケなやり方はしません。１９７８年4月には、機銃で武装した１００隻を超える中国漁船を押し立てて、尖閣諸島周辺の海域で領海侵犯を繰り返す威嚇行動を行なっています。やるならこれくらい派手にやるでしょう。

ネット上では、上陸した活動家の一人が、中国の国旗を燃やしているとする写真が出ています。これが、もし事実であるとすれば、この〝活動家〟と称する人々は、いったい何者なのかという疑問がわいてきます。

そもそも今回の上陸事件の発端は、12年4月16日に、石原慎太郎都知事が「東京都が尖閣諸島を買い取る」と言いだしたことで、仕掛けたのは中国ではなく対米追随派の石原都知事なのです。それも、石原都知事は訪米中に米政策研究機関「ヘリテージ財団」主催のシンポジウムでの講演で、この宣言を出しています。わざわざアメリカで宣言しているのです。

この挑発を受けて動き出したのが、「釣魚島（尖閣諸島）は中国領土である」と主張する香港保釣行動委員会で、抗議行動として8月15日に尖閣諸島に上陸しました。

この香港保釣行動委員会がどういう団体なのかというと、１９７０年11月に、米プリンストン大の台湾人留学生たちが委員会を結成したのが始まりとされ、アメリカ発祥なのです。1970年11月というのは、日米沖縄返還協定調印（1971年6月17日）の直前でした。この組織は奇遇にも、沖縄在日米軍の必要性が問われ始めた時期に結成されていたのです。

いずれにせよ、最初から最後まで〝アメリカ〟というキーワードで一本につながるところに、謎を解く鍵があるように見えます。まさにオスプレイの配備で、日本中で反対運動が起きている時期に、この騒動が起きたのは単なる偶然とは思えません。

中国側もアメリカの思惑を感じ取っているフシがあります。

12年8月27日に丹羽宇一郎駐中国大使の乗る車から男が国旗を引き抜く事件が起きましたが、中国紙の環球時報（8月28日付）は、社説で「われわれが引き抜かなければならないのは、某勢力が中国周辺地域で振り回している目に見えない旗なのだ」と述べています。この「某勢力」がアメリカを指していることは容易に想像がつきます。

北方領土はアメリカが仕込んだ火種

もう少し広い視点で、「領土問題」というものを考えてみましょう。

かつてイギリスは、植民地から撤退するときに、多くの場合、あとに領土問題など紛争の火種を残していくようにしていました。元植民地だった国が団結して、反英国勢力になると困るからです。

インドから撤退するときはパキスタンとの間にカシミール紛争を残しましたし、アラブ首長国連邦から引き上げるときは、複数の首長国でいがみあいが起きるようにわざと飛び地の領土を作り、領土の境界線を複雑に引きました。嫌らしい話ですが、これは国際政治の世界では常套手段です。

日本は、北方領土でロシアと、竹島で韓国と、尖閣諸島で中国と、領有権を争っています。どれも解決が極めて難しい問題ですが、偶然そうなったわけではないのです。なかでも北方領土の領有権問題は、日本とソ連の間で紛争が起きるように、アメリカが仕込んだ火種だと言えます。

まさかと驚くかもしれませんが、これは純然たる事実です。

北方領土は、第二次大戦末期にアメリカがソ連に対し、対日戦争に参加してもらう代償として与えた領土なのです。

アメリカは戦争末期、ソ連に対して対日戦争に参加するよう強く求めました。ルーズベルト大統領の最大の関心は、いかに米国軍人の犠牲者を減らして日本に無条件降伏させるかでした。

そこでルーズベルト大統領は、1943年11月のテヘラン会議でソ連の対日参戦を求め、ヤルタ会議（1945年2月）で「千島列島がソヴィエト連邦に引き渡されること」という内容をふくむヤルタ協定を結びました。

ルーズベルトの死後、大統領に就任したトルーマンも第二次大戦終結時に、ソ連が千島列島を自分のものとすることを次のように認めています。

「一般指令NO.1を、千島すべてをソ連軍極東総司令官に明け渡す領域に含むよう修正することに同意します」（トルーマン発スターリン宛通信、8月18日受電）

千島列島（根室海峡からカムチャツカ半島の南、千島海峡までの間に連なる列島）を我が領土とすることができるという約束で、ソ連は対日戦争に参戦するわけです。

戦争終結後、1951年9月8日のサンフランシスコ講和条約では、「日本は千島列島に対するすべての権利、請求権を放棄する」とされたわけです。

そもそも北方領土問題という種を蒔いたのはアメリカでした。それなのにアメリカは、冷戦が勃発した後、日本が国後、択捉の領有を諦めて、南側二島の「歯舞群島」「色丹島」の返還で手を打ち、北方領土問題を解決しようとすると、猛然と反対し、解決できないようにするのです。理由は、日本とソ連の間に友好関係を作らせないためです。

現在では「北方4島」と呼んでいますが、北側2島の「択捉」と「国後」はカムチャツカ半島の南（千島列島の南側）、「歯舞」と「色丹」は北海道の一部であり、歴史的に見ても立場がまったく異なります。

1956年の日ソ交渉で、重光葵外相は、日ソ国交を回復させるためには、「択捉、国後の放棄もやむをえない」として、歯舞と色丹の2島返還で譲歩する方針を示します。

ところが、この日本政府の方針に対し、ダレス国務長官が、「もし日本が国後、択捉をソ連に渡したら、沖縄をアメリカの領土とする」と猛烈に脅しをかけてきます。

なぜダレスはここまで日本に圧力をかける必要があったのでしょうか。歴史学者のシャラーは『「日米関係」とは何だったのか』で、こう書いています。

「千島列島に対するソ連の主張に異議をとなえることで、米国政府は日本とソ連の対立をかきたてようとした。実際、すでに1947年にケナンとそのスタッフは領土問題を呼び起こすことの利点について論議している。うまくいけば、北方領土についての争いが何年間も日ソ関係を険悪なものにするかもしれないと彼らは考えた」

ここに出てくるケナンとは、ソ連封じ込め政策の中心にいた外交官、ジョージ・ケナンです。ソ連の封じ込めのために、北方領土問題を利用していたわけです。

尖閣・竹島を外交カードに利用

このように、北方領土問題は、日本とソ連の間に友好関係が生まれないように、アメリカが埋め込んだ紛争の火種だったのです。

では、尖閣諸島はどうでしょうか。

前述のサンフランシスコ講和条約の段階では、中国は尖閣諸島について何も言及せず、領有を主張し始めるのは、70年代に東シナ海の海底に石油の存在が確認されてからなので、はじめからアメリカが組み込んだものだとは言えないかもしれません。

しかし、アメリカはこれが紛争の種になるとわかった時点で利用しはじめるのです。第2章では、佐藤栄作首相が繊維交渉の密約を無視したことにニクソン大統領が激怒し、数々の報復を仕掛けてきたことを述べました。そのなかに実は、尖閣諸島の問題も含まれていました。

シャラーは次のように書いています。

「ニクソンの訪中のあと、尖閣諸島について国務省は日本の主張に対する支持を修正し、あいまいな態度をとるようになった。佐藤の推測によれば、ニクソンと毛沢東のあいだでなにかが話しあわれたことを示すものだった」（同前）

日本の立場を理解して支援するどころか、中国を尖閣問題で焚きつけて、日本に圧力をかける外交カードとして使い始めるのです。

竹島問題にしても同様です。

08年にブッシュ大統領が訪韓する際、米政府の地名委員会のウェブサイト上で、竹島の表記が「主権未定」から「韓国領」に変更されたことがあります。毎日新聞（08

年8月1日付）は社説でこう述べています。

「日本と韓国がともに領有権を主張している竹島（韓国名・独島）の帰属先に関し、米政府の地名委員会がウェブサイト上の表記を『主権未定』から『韓国領』に再度変更した。6日に予定されている米韓首脳会談を前に韓国側に配慮したようだ。

しかし、事は国の主権にかかわる問題である。ブッシュ大統領訪韓の手みやげにするほど軽い話ではない。米政府のご都合主義は納得できるものではない」

米政府は、竹島問題について「領有権問題では日韓のどちらかを支持するものではない」との方針を表明しているが、「中立」だと主張するなら「主権未定」という表記を貫くべきです。要するに状況に応じて、日韓を天秤にかけて、言うことをきかせるのに利用しているだけなのです。

アメリカは、尖閣諸島も北方領土も竹島も、問題を解決するつもりなどさらさらありません。まして、日本のために米軍を出動させ、米軍人の命を危険にさらしてまで守るつもりもありません。

日本と中国が小競り合いをすればするほど、在日米軍基地のプレゼンスが高まることになるわけですから、日中両国が前向きにこの問題を解決しようとすれば、むしろ妨害してくるでしょう。

このような姿勢の国に対して、どうして「アメリカは尖閣諸島を守ってくれる」と無邪気に信じられる人がいるのか不思議でなりません。

●終章…………

本当の「戦後」が終わるとき

吉田茂名宰相論の正体

終戦直後の占領時代でも、重光葵は「米軍の完全撤退」を主張してアメリカと交渉しました。芦田均も「有事駐留」論を展開しました。占領時代であっても、日本の国益を第一に考えて、自主自立を主張した宰相は存在していたのです。

一方で、占領時代に対米追随を徹底的に推し進めた宰相もいました。

吉田茂という人は、世間では「占領時代にもかかわらず、アメリカと対等に渡り合った名宰相」と思われています。

このイメージ作りに一役買ったのが、高坂正堯（こうさかまさたか）の著書『宰相吉田茂』（中公クラシックス）です。高坂はこの本のなかでこう述べています。

「実際吉田は、マッカーサーと対等の立場を自然にとることができる人物だった」

「吉田は何よりも日本の復興のことを考えていたし、改革がこの目的に反する場合、徹底的に反抗した」

この評価は本当に正しいのでしょうか。

当の吉田本人は、著書の『激動の百年史』（白川書院）で、「鯉はまな板の上にのせられてからは、庖丁をあてられてもびくともしない」と、GHQに対して全面的に降参する姿勢で臨んだと言っています。元外務次官の大野勝巳も『霞が関外交』（日本経済新聞社）で、吉田が外務官僚を集めて「戦争に負けたからには敗者として潔く対処するしかない。戦勝国の占領政策に誠意をもって協力することが肝要である」と訓示したと述べています。

戦争で負けたのだから、潔く負けを認めて、煮るなり焼くなり好きにしろ、というタイプの人だったように見えます。竹を割ったような性格で、人間的にはいい人かもしれませんが、日本の国益を代表する首相にふさわしい態度とは思えません。

常識で考えても、外交の場で自分たちと対等に渡り合うようなやっかいな指導者を、アメリカが〝評価〟するはずがありません。別に日本に限らず、どこの国であっても同じで、他国の指導者は自分たちの言いなりになる人間が望ましいに決まっています。

アメリカが吉田茂を高く評価し、岸信介を60年安保闘争で失脚させた後、吉田茂に「もう一度、首相をやれ」とまで進言しているのは、吉田がアメリカにとってもっとも都合がいい〝ポチ〟だったからにほかなりません。

うがった見方かもしれませんが、高坂は『宰相吉田茂』を著す数年前に、アメリカのハーバード大学に留学しています。吉田茂をどう思うかとアメリカで聞けば、「素晴らしい宰相だ」という答えが返ってくるのは当たり前です。

私のこの本書を読んでくだされば、多くの人々は「個々の政治家について従来からもっていたイメージが覆された」という感想をもつのではないでしょうか。今まで対米追随のマスコミが描く政治家像に騙されてきただけで、実像はずいぶん異なるのです。

60年にわたって続いた対米追随

そう、日本人は騙されてきたのです。

アメリカによる占領時代が終わった後、不幸にも冷戦が深刻化し、朝鮮戦争が勃発します。それによって米軍削減論は一蹴されていきます。百歩譲れば、世界の大きな流れに逆らえないこともあるわけで、仕方がなかったのかもしれません。

しかし、今はどうでしょう。

ベルリンの壁が崩壊し、ソ連も解体され、冷戦が終結したにもかかわらず、なぜか日本のなかに米軍基地は存在し続けています。

しかも、鳩山由紀夫が「有事駐留」「最低でも県外」、小沢一郎が「第七艦隊だけで十分」と主張しただけで、アメリカだけでなく、日本のマスコミや政治家、官僚が「荒唐無稽」「軍事オンチだ」と罵り、袋だたきにしました。アメリカによって植え付けられた「アメリカに追随しなければ日本に未来はない」という強固な幻想に誰もがとらわれているのです。

日本人に、この対米追随の遺伝子がセットされたのが、60年安保闘争という事件を通じてでした。

岸信介はダレス国務長官に、「現行の安保条約（旧安保条約）はアメリカに一方的に有利で、占領されているも同然ではないか」と強く迫り、「安保条約と行政協定を改定する」との合意を勝ち取りました。そして、安保条約と行政協定の「2段階改定」によって、本丸である行政協定に切り込み、在日米軍の縮小と防衛負担金の削減への道を開こうとしました。

しかし、岸を警戒したアメリカの工作によって、岸は対米追随派であり、日本の敵であると信じ込まされた日本人が国会や官邸を取り囲み、「安保反対」「岸政権打倒」を叫び、岸政権を潰してしまいました。

60年安保闘争は、岸政権の打倒には成功しましたが、安保条約の破棄には失敗し、本丸の行政協定はほとんど姿を変えず、日米地位協定と名前だけ変えて温存されました。

半分の成功によって達成感が生まれ、半分の成功で挫折感が生まれ、運動は急速に萎（しぼ）み、日本人は安保条約と地位協定に興味を失っていきます。この後、安保条約と地位協定は50年間にわたって手を付けられず、放置されてきたのです。つまり、アメリカにとってもっとも望ましい結果となったのです。

本来なら、岸信介と官邸前でシュプレヒコールをあげていた学生や労働者らは、共通の目標に向かって進んでいたはずなのです。しかし、いつのまにか敵対する構図に置かれ、お互いに潰しあってしまった。そして、勝利したのはアメリカでした。

私がこの「アメリカの工作で、60年安保闘争は岸政権打倒と、その後の対米追随路線への道筋を決定づけることに利用された」という話をすると、当時、安保反対デモに参加していた人たちは、「自分たちのやった運動が、結果として日本の対米追従を強化したことは非常に寂しい」と嘆きます。残念ながら、これは厳然たる歴史上の真実なのです。

しかし、今、官邸前でデモを繰り広げている人々を見て、私は50年にわたって続いてきた対米追随が、ついに終わりを告げるのではないかと密かに期待しているのです。60年安保闘争以降、日本ではほとんど大きなデモは起きませんでした。しかし、その間に溜まった歪みが限界に達し、大きなうねりとなって爆発しようとしているのです。

アーミテージ・リポートが評価した原発再稼働

第二次大戦後、ＣＩＡはアメリカ国内で「本当に必要なのか」と幾度となく批判されてきた組織です。冷戦が終結した後は、不要論がさらに高まり、ＣＩＡは政治・軍事だけではなく、産業分野にまで活動分野を広げて生き残りをはかってきました。

その存在意義が危うくなってくると、CIAが決まって言うセリフがあります。

「戦後の日本を見てくれ。我々の工作の傑作である」

占領統治が終わった後も、日本はアメリカから諜報工作で操られ、都合よく利用されてきたのです。

CIAにとって〝工作の傑作〟である日本は、第二次世界大戦で軍人・一般市民合わせて300万人もの死者を出しましたが、戦後はアメリカに従属する親米国家の道を歩み、奇跡的な経済復興も遂げました。

アメリカはこの日本での〝成功〟で勘違いをしました。戦争で無条件降伏させ、占領支配を経て、従属国家を作り上げるのは、非常に簡単なことだと思い込んだのです。

01年の9・11同時多発テロの後、ブッシュ大統領（息子）は「テロとの戦い」を掲げ、アルカーイダを支援しているタリバンを掃討するという目的でアフガニスタンに侵攻します。さらには、大量破壊兵器の製造やテロへの支援などの理由から、03年にはイラクにも侵攻し、サダム・フセインを逮捕、処刑しました。

しかし、どちらも戦闘が終結した後も反米組織による自爆テロが相次ぎ、いっこうに治安は回復せず、混乱が終息しないまま米軍が撤退することとなっています。

両国とも日本のようには簡単にコントロールすることはできなかったのです。吉田茂のように、「戦争に負けたのだから、潔くまな板の鯉になる」という考え方は、おそらく日本人特有のものなのだと思います。それがなければこれほど簡単に対米追随の国を作り上げることはできなかったでしょう。

しかし、〝工作の傑作〟だった日本の支配体制にも、ほころびが出始めています。対米追随路線をひた走る野田政権のつまずきを見て、アメリカは野田政権を支援しようとしていますが、そのやり方があまりに稚拙なのです。

アーミテージ元国務副長官やナイ元国防次官補、グリーン元国家安全保障会議（NSC）アジア上級部長らが参加して作成した「第三次アーミテージ・リポート」が、12年8月15日に発表されました。その内容について、読売新聞（12年8月17日付）は、社説「米有識者提言　幅広い協力重ねて同盟深化を」でこう伝えています。

「経済分野で報告書は、日本の環太平洋経済連携協定（TPP）参加を米国にとって『戦略目標』に位置づけ、米側に協力を求めた。野田政権の大飯原子力発電所の再稼働を評価し、原発の安全性向上に関する日米協力も促した。

野田政権は、農業分野の市場開放に対する民主党内の反対論を抑えられず、TPP交渉参加の正式表明を先送りしているが、もう参加を決断すべき時期だ。

原発については、日本の高い技術力と事故の教訓を最大限活用して、原発を増設する新興国に積極的に貢献する必要がある。安全を確保した原発の再稼働を拡大し、原子力技術者を中長期的に育成することが欠かせない」

アーミテージ・リポートは、「日本はＴＰＰに加盟し、原発を再稼働せよ」と言っているわけです。オバマ大統領は原発を推進しようとしているので、日本が脱原発を選択するとアメリカに跳ね返ってくる危険があるので、非常に困るのです。

しかし、ＴＰＰ加盟はアメリカにも関係のあるテーマかもしれませんが、原発の再稼働に関しては日本の内政問題であり、アメリカにとやかく言われる筋合いはありません。

内閣府の「エネルギー・環境会議」が実施していた原発の比率をめぐるエネルギー政策のパブリックコメントの内容が公開されましたが、応募者８万人の７割が「原発ゼロ」を求めています。日本の民意は原発ゼロなのです。

しかし、アーミテージは、いま日本の国民がどこを向いているのかをまったく見ず、もしくはそれをよく理解した上で、依然として日本政府に対して命令しているのです。ジャパン・ハンドラーの日本を牛耳ろうとする意図がむき出しになったリポートを、うっかり出してしまったわけです。

このリポートがもし、ＴＰＰの話だけに終始していたら、日本人も「いつものアメリカの圧力だな」と感じるだけで、誰も気にしなかったでしょう。しかし、ツイッター上での反応を見ていると、リポートがわざわざ原発の再稼働に触れたことで、カチンときた人が多かったようで、「アーミテージとは何者なんだ?」「どういうつもりで日本に押し付けてくるんだ」といった声が出てきています。

（バイデン政権の成立とアーミテージなどの「ジャパン・ハンドラー」の関係に言及しておきます。「アメリカ・ファースト」を唱えたトランプは「ジャパン・ハンドラー」を必要としませんでした。トランプは海外における米国基地は不要だと思っていたのです。こうした状況に危機感を持った軍事優先グループはトランプ攻撃を行い、バイデン政権の成立に動きました。そして「ジャパン・ハンドラー」グループはバイデン政権の中核に戻ってきているのです。）

60年体制のほころび

オスプレイ配備についても、アメリカは大きなミスを犯しました。

沖縄県内における在日米軍基地問題というのは、県民のなかに補助金に絡む人や基地経済の恩恵に浴している人もいて、微妙な問題を抱えているので、沖縄県民は一枚岩というわけではないのは事実です。それゆえに、本土の人々は「多額の補助金をもらっているくせに」と冷ややかな目で眺めることも多く、海兵隊や海軍などの兵士が事故や犯罪を犯しても、しょせんは他人事で、それほど問題視してきませんでした。

しかし、オスプレイ配備に関しては、日本国民の7割は反対しています。沖縄県では、県議会から市町村の議会まですべて反対で、全県一致です。しかも、米軍の致命的なミスと言えるのは、岩国にも配備を決定したことです。これにより飛行ルートが全国に広がり、在日米軍基地問題は他人事ではなくなりました。だから、日本人のほとんどが反対に回っているのです。

〝工作の傑作〟だった日本に異変が起きつつあることに、アメリカは対応し切れていないのです。

久しぶりの自主自立派の政権として誕生した鳩山由紀夫内閣は、アメリカからの露骨なまでの圧力に屈し、９か月という短期政権で終わりました。その後を継いだ菅直人首相は、ＴＰＰを推進する対米追随路線でしたが、原発再稼働問題で不安を見せ始めたので、すぐにクビが切られ、ようやく完全に言いなりになる野田佳彦政権を誕生させました。新聞等のメディアも諸手を挙げて、野田政権の誕生を歓迎しました。

ところが、野田首相は盲目的な対米追随の意図を隠そうともせず、国民の意思を原発の再稼働で無視して、消費増税で無視して、オスプレイ配備で無視して、ＴＰＰ加盟で無視して、ただただアメリカの言いなりになって突き進んできました

小泉純一郎という人は対米追随路線の代表格で、私はあまり評価していませんが、彼でさえ、国民の声を聞こうとする姿勢を少しは持っていました。しかし、野田首相はアメリカからの命令を唯々諾々とのんで、ただただそれを実行するだけなのです。

野田政権の失敗の原因は、民主党の掲げた〝政治主導〟にもありました。妙な言い

方ですが、それまでの自民党政権では、官僚がうまくコントロールして、対米追随の意図が見えないようカムフラージュして国民に伝え、密かに政治を進めてきたのです。ところが、民主党が官僚を排除して自分たちだけでやると見得を切り、対米追随で進み始めたら、いきなりその意図がむき出しになってしまったわけです。

野田首相の対米隷属があまりにむき出しなので、逆に、今まで対米追随の幻想にとらわれていた国民が気づき始めました。アメリカの言いなりになっていれば、軍事的・経済的に得をすると、日本国民の多くは信じていた。ところが、現実には、国民は命の危険にさらされ、経済的にも隷属して搾取されるだけだとバレてしまったのです。

領土問題が起きている尖閣諸島や北方領土、竹島についても、アメリカに守る気など毛頭ないということは、本書でも述べました。いままでアメリカに騙されていたということに、日本人はようやく気づいたのです。

そうは言っても、実際に尖閣諸島をめぐっては、現実に中国と領土問題が起きているではないかという人がいるかもしれません。

私は講演などで、聴講者の方々に「皆さん、今日、ドイツとフランスは戦争をすると思いますか?」と聞きます。この問いに「戦争をする」と回答する人は一人もいません。次に、「フランスとドイツは第一次大戦、第二次大戦で戦争をしたのに、なぜ今はしないのですか?」と聞くと、ここで初めて、みんな考え始めるわけです。しばらくすると、こんな答えが返ってきます。「今は領土問題が存在しないからではないですか」。しかし、この回答は間違いです。両国の間に領土問題は今も存在するのです。

ドイツとフランスは、フランス北東部のアルザス、ロレーヌという地域をめぐって、過去何百年にもわたたって領有権を争ってきました。第一次大戦でフランスが奪い、第二次大戦でドイツが侵攻しますが、戦争終結後は連合国が奪還しています。アルザス、ロレーヌ地域は九州の3分の2ほどの広さがあり、もともとはドイツ系住民がたくさん住んでいました。竹島とか尖閣のようなレベルではないのです。

ドイツ側は「この地域を返せ」と訴えてもいいわけですが、そうはしないのです。お互いの協力を強めることで利益を勝ち取るほうがプラスであると両国国民に訴え、理解を勝ち得たわけです。ドイツとフランスは、領土問題を乗り越えたのです。

沖縄に米軍基地があったところで、中国との対話を進めなければ、領土問題が解決することなどありえません。

世間ではよく「55年体制」という言葉が使われますが、60年安保闘争を経て確立された「60年体制」というのは、政治家だけではなくて、官僚や経済界、マスメディアなども含めて、アメリカの意向を忖度(そんたく)することで築き上げられた世界でした。しかし、この戦後体制はあらゆる局面でほころびが出てきています。アメリカ自身が、日本人の変化に気づかず、対処法を間違えてうろたえているのです。

民意が変われば政治が変わる

本書では、60年体制が構築された結果、対米自主派の政治家が失脚させられてきた歴史を眺めてきました。彼らは日本が本当の意味での独立を果たすために戦い、「在日米軍の削減」と「対中関係の改善」という二つの〝虎の尾〟を踏み、アメリカの怒りを買いました。そして、同胞の手によって罠にはめられて失脚し、対米追随路線の政治家に首をすげ替えられてきました。

しかし、もはやこのシステムは日本国民の目の前に白日の下にさらされ、崩壊しつつあるのです。

アメリカによってパージされてきた対米自主派の政治家たちは、アメリカへの従属から抜け出し、「アジアにこそ日本の未来がある」と予見し、中国との連携を求めてきた人々でした。鳩山・小沢の東アジア共同体構想は、その理念を表したものでした。では、そうした理念をもつ自主自立の政治家は、まだ生き残っているのでしょうか。

私は鳩山由紀夫とは全部で5回くらい会っています。物事の理解力は高いですし、政治家としての理想ももっています。しかし「ここ一番の大勝負」というところでどうも違った選択をされるような気がします。「米軍普天間基地の海兵隊は最低でも県外移転」の判断は正しかったと思います。もしあの時、「自分は最低でも県外という判断は正しいと判断している。しかし残念ながら国民の支持を得られなかった。これ以上国民の支持を得られないで首相の任に当たることは無理だと思う、従って本日私は辞任する。しかし、いつか、国民は私の政治判断が正しいと判断する日は必ず来る。その時には私は再び皆さんのお役に立つ用意がある」と述べて下野していたら、強力な鳩山待望論が再び起こってきていたと思います。

私は小沢一郎と直接会ったことはありません、従って充分な判断はできません。しかし、我々は小沢が米国に切られた政治家であることは充分理解しておいてよいと思います。手をつけたのは検察です。しかし、「米国が小沢を日本の指導者として望ましくない」と判断したのを受けての動きです。

その後、小沢一郎は民主党を割って、「原発再稼働反対」「消費増税反対」「ＴＰＰ反対」を掲げて、「国民の生活が第一」を結党しました。私も日本のあるべき姿として、「原発再稼働反対」「消費増税反対」「ＴＰＰ反対」で政策を実現すべきであると思います。しかし、いかんせん、勢力としては小さい。さらに「原発再稼働反対」「消費増税反対」「ＴＰＰ反対」で党内が結束しているかというとそうでもない。相当に思い切った戦略が必要です。

では、彼ら以外に、自主路線の政治家は再び現れるのでしょうか。いま、政治家に求められる条件とは以下のようなものだと思います。

第一に、修羅場から逃げないことです。失うことを恐れないこと。今、政界を見渡して、「すべてを失ってもいいから勝負してやろうじゃないか」という政治家はいません。

第二に、若い候補であることです。国民は古い政治家を見放しています。これは時代の流れです。若い世代の支持を獲得できる政治家を持ってこない限り、風は吹きません。

第三に、政策的に国民が求めている「原発再稼働反対」「消費増税反対」「TPP反対」を断固やる、という姿勢です。

以上の条件を踏まえた上で、実現しないという前提であえて申し上げれば、小沢新党が森ゆうこ議員あたりを首相候補に掲げれば、国民的な風が吹く可能性があります。彼女はそれらの条件をすべて備えているからです。世界を見渡せば、女性が指導者になるのは、決して不思議ではありません。英国にはサッチャーがいました。ドイツにはメルケルがいます。米国のヒラリー・クリントンは2008年オバマと民主党代表候補の座を争いました。選挙民の半分が女性です。女性候補は風を吹かせる可能性を持っています。

でも、残念ながら「国民の生活が第一」もそこまでの英断は下せないでしょう。そこに限界を感じます。

今の日本は、旧来の流れを変えなければならないのです。現在は、まさに歴史的な転換点にあるのかもしれません。その転換を実現するために、官邸前に集まった数万の人々は、「野田政権打倒」の声をあげました。

いま浜岡原発を止めているのは法律ではありません。法的に止める根拠は何もなく、野田首相も経産省も中部電力も、みな動かしたいと思っているのに止まっている。浜岡を止めているのは「民意」なのです。大事なのは国民が意志をはっきり示すことです。そうすれば、その「民意」の受け皿となる政治家が必ず出てきます。民意が変われば、政治も変わるのです。

私は1日も早く、1人でも多くの日本人が、アメリカに対する幻想を捨て、対米従属のくびきから逃れてほしいと願っています。

60年安保闘争は、アメリカの策略でいわば〝同士討ち〟をさせられ、共倒れした事件でした。しかし、今回のデモは違います。官邸前に集まった数万人の人々は、野田政権に「ノー!」を突きつけていますが、その背後には、はっきりとアメリカの姿が見えています。原発の再稼働やオスプレイの配備、TPPへの加盟を阻止（2018

年12月末に発効）すれば、アメリカに対して「ノー！」を突きつけることになります。

そして、日本は本当の意味での「戦後」に終止符を打ち、新たな地平が開けるのです。

●特別付録…………

アメリカと戦った12人の政治家

鳩山一郎　はとやま・いちろう　１８８３年1月1日生まれ。

１９０7年東京大学卒。弁護士を経て12年、東京市議に当選。27年、田中義一内閣で内閣書記官長、31年犬養内閣と32年斎藤内閣で文相に。45年、自由党を結成。翌年、公職追放になる。51年、追放解除で政界復帰するもすぐに脳出血で倒れる。54年、重光葵らの改進党と合流して日本民主党を結成。同年首相に就任。在日米軍経費を１７８億円減額させた。56年、アメリカにとって冷戦下の敵国・ソ連と日ソ共同宣言に調印し、国交回復を果たしている。同年総辞職。59年3月7日、狭心症で死去。享年76。鳩山由紀夫の祖父。

石橋湛山　いしばし・たんざん　１８８4年9月25日生まれ。

１９０8年早稲田大学卒。東京毎日新聞社記者を経て、41年東洋経済新報社社長に就任。24年から36年まで鎌倉町議員。46年、総選挙で落選するも吉田内閣で蔵相に就任。米軍の駐留経費削減を要請したが47年、ＧＨＱにより政界追放。51年追放解除になり自由党復党。52年、自由党除名。54年、鳩山一郎らと日本民主党を結成。同年、鳩山内閣で通産相に。56年鳩山引退後、首相に就任すると全国で遊説し、「米国のいうことをハイハイ聞いていることは、日米両国のためによくない」と自主路線を主張した。が、すぐに肺炎を起こし、わずか65日で辞任。63年、選挙に落選し引退。73年4月25日、脳梗塞で死去。享年88。

重光葵　しげみつ・まもる　１８８７年７月29日生まれ。

１９１１年東京大学卒。同年、外務省入省。32年の駐華公使時代、上海での天長節祝賀会の席上、爆弾事件で右脚を失う。33年外務次官、36年駐ソ連大使、38年駐英大使、41年駐華大使、43年に東条内閣で外相となり、次の小磯内閣でも留任し大東亜相も兼任。終戦後の45年、東久邇宮内閣で外相兼大東亜相となり、降伏調印に政府を代表して署名。48年、A級戦犯として禁固７年に処される。52年、追放解除されると改進党総裁に就任。54年、鳩山一郎らと日本民主党を結成。同年、鳩山内閣で副総理兼外相に。外相としてダレス国務長官に米軍撤退を提言するが撥ねつけられた。57年１月26日、狭心症で急死。享年69。

芦田均　あしだ・ひとし　１８８７年11月15日生まれ。

１９１２年東京大学卒後、外務省入省。トルコ、ベルギー大使館参事官を経て退官。32年初当選。戦後は自由党の結成に参加。45年、幣原内閣で厚相に。47年、自由党を離党し、民主党を結成（50年解散）。同年、社会党政権の片山内閣で外相に。48年、片山内閣崩壊後、首相に就任。米軍の有事駐留案を提唱したことの影響で、ＧＨＱの参謀第２部（Ｇ２）に狙われ、ＧＨＱの管理下で誕生した東京地検特捜部担当の昭和電工事件により、７か月余りで内閣総辞職に追い込まれる。辞職後に収賄容疑で逮捕、起訴されるが結局は無罪となる。戦後の首相として初の逮捕者となった。59年６月20日、悪性肉腫で死去。享年71。

岸信介　きし・のぶすけ　１８９６年11月13日生まれ。

１９２０年東京大学卒後、農商務省入省。36年、満州国産業部、総務庁各次長を経て41年、東条内閣で商工相に。42年衆議院初当選。45年、Ａ級戦犯容疑で逮捕、収監。48年、追放解除により日本再建連盟会長として政治活動再開。53年、自由党に入党したが除名になる。54年、鳩山一郎らと日本民主党を結成。鳩山内閣では党幹事長に。

55年、保守合同により自由民主党初代幹事長に就任。57年、石橋首相の病気引退に伴い岸内閣成立。ダレス国務長官に「現行の安保条約はいかにも米国側に一方的に有利であって、まるで相互契約的なものじゃない」と改定を迫る。日米行政協定の改定にも尽力したが果たせぬまま、60年、安保騒動の責任を受けて総辞職。79年、政界引退。82年、自民党最高顧問に就任。87年8月7日、心不全で死去。享年90。

佐藤栄作　さとう・えいさく　1901年3月27日生まれ。

岸信介の実弟。1924年東京大学卒後、鉄道省入省。運輸事務次官を経て48年、吉田内閣で官房長官に就任。49年衆議院初当選。郵政相、建設相、蔵相、通産相を歴任。64年、首相に就任。72年、沖縄返還を実現した。ニクソン大統領との密約で、沖縄返還と引き替えに繊維輸出規制を約束したが、後に反故にした。72年、7年8か月に亘る長期政権を終えた。74年、非核三原則やアジアの平和への貢献を理由としてノーベル平和賞を日本人で初めて受賞。75年6月3日、脳卒中で死去。享年74。

田中角栄　たなか・かくえい　1918年5月4日生まれ。

36年中央工学校卒。43年、田中土建工業を設立。46年、衆議院総選挙に出馬するが落選。47年、民主党公認で当選し、同年、自由党へ参加。吉田内閣で法務政務次官に。57年、岸内閣で郵政相、62年、池田内閣で蔵相、71年、佐藤内閣で通商産業相に就任。72年、「日本列島改造論」を発表。同年首相に就任、アメリカに先駆ける形で日中国交正常化を実現する。74年、金脈問題で総辞職。76年、ロッキード事件にて逮捕。85年、田中派の竹下登が自身の派閥「創政会」を結成したことに激怒し、その直後に脳梗塞で倒れ入院。言語障害や行動障害が残り、政治活動は不可能になる。90年、政界引退。93年12月16日、心筋梗塞で死去。享年75。

竹下登　たけした・のぼる　1924年2月26日生まれ。

47年早稲田大学卒後、郷里・島根で中学校の代用教員となる。島根県議を経て、58年衆議院初当選。自民党内では佐藤派、後に田中派に所属。71年、佐藤内閣で歴代最年少の47歳で内閣官房長官に就任。後に74年、田中内閣でも同役、76年の三木内閣で建設相。79年、大平内閣、82年、中曽根内閣で蔵相に就任。85年には円高を受け入れることになるプラザ合意に関与。同年、竹下派「創政会」（後の経世会）を立ち上げ、87年首相に就任。日本初の消費税を導入した。89年、日本に「防衛責任」の増強を求めるアメリカの要求を拒否した。それに前後してリクルート事件が発覚し、政治不信が高まったことで同年に内閣総辞職に追い込まれた。00年6月19日、呼吸不全のため死去。享年76。

梶山静六　かじやま・せいろく　1926年3月27日生まれ。

日本大学卒。69年、衆院選で初当選。田中角栄の派閥に属する。後に竹下派七奉行の1人に数えられ、自治相、通産相、法相、官房長官などを歴任。98年、自民党総裁選挙に出馬し、田中真紀子から「変人・軍人・凡人」の軍人と名付けられる。外資系金融企業の参入をもたらす金融ビッグバンに強く反対した。00年1月、交通事故に遭ってから体調を崩し、4月に政界引退。6月6日、閉塞性黄疸のため死去。享年74。

橋本龍太郎　はしもと・りゅうたろう　1937年7月29日生まれ。

60年慶應義塾大学卒後、会社員を経て63年に衆議院初当選。78年、大平内閣で厚生相に就任。後に運輸相、大蔵相を歴任。天安門事件に抗議し、各国は中国との閣議クラスの交流を停止したが、91年、大蔵相として他国に先駆け中国を訪問している。94年、村山首相の自社さ連立政権で通産相、96年、村山退陣に伴い、首相に就任。在任中、クリントン大統領と普天間基地について返還の同意を取り付けた。米講演で「米国債の売却」を口にし、ニューヨーク証券取引所の株価を一時下落させた。01年、総裁選で小泉純一郎に敗れ05年に政界を引退。06年7月1日、心筋梗塞で死去。享年68。

小沢一郎　おざわ・いちろう　1942年5月24日生まれ

67年慶應義塾大学卒。後に日本大学大学院に入るが中退。69年、自民党で衆議院初当選。田中角栄の薫陶を受ける。85年、中曽根内閣で自治相として初入閣。89年、海部俊樹内閣では47歳の若さで党幹事長に就任。93年、自民党離党、新生党結成。その後は新進党、自由党を経て03年、民主党と合併。06年、民主党代表に就任。09年、「米軍の極東におけるプレゼンスは第七艦隊で十分」と発言。翌月に、秘書が政治資金規正法違反で逮捕されている。一方で中国との関係を重視し、同年には626人を引き連れて訪中し、胡錦濤主席を訪問している。12年、民主党を離党し、「国民の生活が第一」を結党。現在、立憲民主党に所属。

鳩山由紀夫　はとやま・ゆきお　1947年2月11日生まれ。

東京大学工学部卒後、76年、スタンフォード大学の博士課程修了。専修大学助教授を経て86年、自民党で衆議院初当選。93年、自民党離党、新党さきがけ結成に参加。同年、細川連立政権で内閣官房副長官に就任。96年新党さきがけ離党、同年、民主党を結成し同党代表に。以後、幹事長などを経て09年に再度代表に就任。同年の選挙で民主党が与党となり、首相に就任。選挙で普天間県外移設を訴え、10年5月までに結論を出すと表明するも、米国側からの強硬な反対もあり実現できず、6月に首相を辞任。東アジア共同体構想を唱えている。

文庫版のためのあとがき——

アメリカに潰される政治家は今後も必ず出る

この本をお読みになった方には当然次の問いが出てくると思います。

「小沢一郎氏や鳩山由紀夫氏が潰されたのは2009年、2010年だろう。その後〝アメリカに潰された政治家〟ってのは、とんと耳にしないがどうなったのだ」

その通りです。2009年、2010年以降、〝アメリカに潰された政治家〟はいません。理由は簡単です。

それ以降、アメリカと対峙する政治家は表舞台では誰もいなくなりました。

アメリカとの関係においては、同じ民主党でも菅政権以降は米国との関係では、鳩山政権と180度違うのです。

ウィキリークスで暴露された2010年2月22日ソウル発の在韓米国大使館の電報で、「件名：キャンベル（国務次官補）の金大統領補佐官との会談」として「金は〝民主党は自民党とは完全に異なる〟とのキャンベルの評価に同意した」、「金は〝岡田外務大臣、菅財務大臣の如き、民主党の公の立場にある人物と直接接する必要がある〟とのキャンベルの指摘に同意した。」として米国は岡田、菅氏を鳩山・小沢氏と別格として扱っています。菅政権は「普天間基地の辺野古への移転の日米合意の尊重」「中国の脅威を基礎としての防衛大綱の作成」「アフガニスタンへの医務官派遣」「朝鮮半島有事の際の戦闘に自衛隊参加」と米国の意向を全面的に受け入れる方向を示したのです。菅政権の後の野田政権では一段と対米従属に拍車がかかりました。日本では鳩山、菅、野田政権をひっくくって「民主党政権」と言っていますが、政策内容は１８０度違うのです。

民主党の菅政権ですら、米国政策に全面的に従う姿勢を示したのですから、安倍政権になってはますますこれが露骨になりました。

２０１６年、トランプ大統領が大統領選に勝利するや、トランプがまだ大統領に就任していない時期にもかかわらず、安倍首相は11月18日に訪米し、日本からもちこんだ「本間ゴルフ」の最高級ドライバー（54万円）をプレゼントしました。まるで暴力団の親分の就任式に、贈り物を持参する子分のようです。

そしてどのような政策をとってきたかは、次の記事が象徴的です。

「小沢一郎氏　安倍首相『大統領に言われるままに』F‐35爆買いでご満悦」（2020.06.24　デイリースポーツ紙）

「小沢一郎衆議院議員が24日、安倍晋三首相について、『役にも立たない巨額の兵器を言い値で買わされる』、それなのに『大統領が喜んでくれました』と悦に入る」と批判した。

小沢氏は「アメリカのトランプ大統領が日本を『脅せ』と話していたと暴露しました」というボルトン前大統領補佐官の著書について言及。「役にも立たない巨額の兵器をどんどん言い値で買わされる日本。それなのに『大統領が喜んでくれました！』

と御満悦に国民に自慢する我が国総理。大丈夫だろうか？　いまこの国には『外交』がない」と憂えた。

　続く投稿で小沢氏は「税金の無駄遣いは安倍政権の真骨頂だが、昨今、特に額が桁違いで顕著なのが防衛予算である」と指摘。「『米国製を買え』とさかんに言ってくる大統領の言われるままに『爆買い』。税金を湯水の如く大盤振る舞い。コロナ禍による経済力の著しい低下を考えれば、現行の異常な防衛予算の見直しは不可欠である」と指摘。

「1機100億円もするF－35戦闘機は、当初42機の予定が105機の追加購入。同一機種の大量保有は、一度不具合等が生じれば、全機の運用が止まるなど、極めてリスクが大きい。まして、米国会計検査院が数多くの欠陥を指摘する同機をこんなに導入して、将来の我が国の防空態勢は本当に大丈夫なのか」、と安倍首相の判断に大きな疑問符を付けた。」

　こんな安倍首相ですから、トランプ大統領が追い落とすはずがありません。

　意味のない爆買いを行なっているにもかかわらず、国民は「日米関係が強固になる」と歓迎したのです。

　むかし「一億総ざんげ」という言葉がありましたが、今日は「一億総対米隷属」と言っていい状況です。

それでは今後「米国に潰される政治家」は出ないのでしょうか。

必ず出ます。

それは中国との関係からです。

日本の書店に行けば、中国に関する本は「明日にも中国経済は崩壊する」か、「中国は軍事力で世界を征服していく」の両極端のどちらかです。

しかし中国経済は量・質共に米国を凌駕する時代がすぐ目前に来ています。

CIAは世界最強の情報機関です。このCIAのサイトにWORLD FACTBOOKがあり、ここで世界のGDP（国内総生産）比較を行なっていました。ここで使用したのは購買力平価ベースです。2020年は次の数字を出しています。

中国25・3兆ドル、米国19・3兆ドル。

CIAが「中国の経済は米国の経済より大きい」と公式文書で指摘しているのです。

また、通信設備の5Gは通信の量、質両面で飛躍的に上昇し新たな産業革命を起こします。ここで5G特許保有宣言数を見てみます。

Huawei（中国）3,325、Samsung（韓国）2,846、LG（韓国）2,463、Nokia（フィンランド）2,308、ZTE（中国）2,204、Ericsson（スウェーデン）1,423、QUALCOMM（米国）1,330、Intel（米国）934、Sharp（日本）808、NTT Docomo（日本）

754です。

文部科学省の科学技術・学術政策研究所（NISTEP）が、世界主要国の科学技術活動を体系的に分析した「科学技術指標2020」を公表し、そこで「主な指標のうち、自然科学の論文数で中国が米国を抜いて初めて世界1位」と指摘しました。

コロナ禍でありますが、2020年日本の輸出に占める割合は中国が米国の上です。

ここから何が出るでしょうか。

日本の政治家、経済人、学者等から必ず中国との関係を改善すべきだという主張が出てきます。今日、経済力で中国に負ける可能性の出てきた米国は対中包囲網を作り中国を抑え込みにかかっています。こうしたなか、中国との関係改善を主張する政治家は米国にとって困るのです。

私はコロナ関係で二階自民党幹事長に批判的発言をしています。それを前提に次を見てください。

「二階俊博が〝総理以上〟の権力を持つ理由」（2021.01.11　デイリー新潮）

「2020年12月6日午後0時56分、和歌山県御坊市。

永田町から463キロ離れた田舎町は、普段の静謐とかけ離れた異様な喧騒に包まれていた。『言わずと知れた親中派、親韓派！』

片側2車線の県道185号線、通称『18メートル道路』は、けたたましい怒声に支配されると同時に渋滞の度を深めていく。〈大日本〉〈皇道宣布〉〈維新〉日の丸とともに、勇ましい文字をボディに刻んだ車列が、道路を徐行巡回しながら拡声器でがなり立てる。その数、実に二十余台。」

かつてキッシンジャーによって排除された田中角栄氏、そしてオバマ政権時に排除された小沢一郎氏に近い二階俊博氏が「親中派、親韓派」として攻撃されるのを見ると、あらためて、歴史は繰り返されるの感を強くします。

さらに活動次第によっては福田康夫氏も攻撃の対象となるでしょう。2008年9月、櫻井よしこ氏が「日本の評価を貶めた福田政権」として、「9月1日夜、唐突に辞任会見を開いた福田康夫首相は、日本の国益上、最も不利な国際状況を作って去った。日本の命運の鍵を握る米中両国がいま、極めて重要な変化を遂げつつあるなかで、その変化の意味合いを理解せず、対応策もとらずに去った」と批判しています。

「歴史は繰り返す」と言われますが、次第次第に、再び「アメリカに潰された政治家」のドラマが生まれる土壌が出てきました。

そして、2009年、2010年と小沢一郎、鳩山由紀夫両氏を葬るのに活躍したキャンベル元国務次官補がバイデン政権で再浮上してきました。彼については「バイデン次期米大統領がホワイトハウスに新設する〝インド太平洋調整官〟のポストにカート・キャンベル元米国務次官補が起用される」と報じられています。ジャパン・ハンドラー（日本を操るアメリカの政治家・官僚・知識人たち）の代表格アーミテージ（元国務副長官、元軍人）も、バイデン大統領当選に向け積極的に動いていましたので、彼も陰に陽に対日政策に関与してくるでしょう。

そう遠くない時期に再び「アメリカに潰された政治家たち」が出てくる舞台が出来つつあります。

＊

『アメリカに潰された政治家たち』はもともと、2012年9月、小学館から出版された本です。

それを、河出書房新社の西口徹氏が、自社の文庫で出版しようとされたのです。私の本は例えば『日米開戦の正体』や『カナダの教訓』は出版された社内でいずれも文庫化されました。しかし、別の出版社が文庫化しようとすると大抵潰れます。すでに私に関しては2、3冊の企画が潰れました。

したがって西口徹氏から文庫化の話があった時「小学館さんがOKと言ってくださるならお願いします」と申し上げましたが、「また駄目だろう」と思っていました。

しかし西口氏の熱意と小学館の寛大な対応で文庫化できましたこと、両者に深く御礼申し上げます。

この本の主旨は、今も揺るがないと確信していますが、出版して少し時間が経過していますので、新たに、現時点での「まえがき」を冒頭に書き加えました。また、小沢・鳩山両氏の排除の経緯につきまして、第2章に「増補4.」を追加し詳述しました。そして巻末にこの「あとがき」を補いました。

この本をお読みいただいた読者の皆様に心から御礼申し上げます。

二〇二一年二月某日

孫崎　享

＊本書は、孫崎享著『アメリカに潰された政治家たち』（小学館、二〇一二年九月刊）を文庫化したものです。文庫化に際し随所に加筆を行ない、新たにまえがきとあとがき、さらに第2章「4．小沢・鳩山首相潰し」を増補し、また原著の特別鼎談は割愛しました。

アメリカに潰された政治家たち

二〇二一年五月一〇日　初版印刷
二〇二一年五月二〇日　初版発行

著者　孫崎享

発行者　小野寺優
発行所　株式会社河出書房新社
〒一五一-〇〇五一
東京都渋谷区千駄ヶ谷二-三二-二
電話〇三-三四〇四-八六一一（編集）
〇三-三四〇四-一二〇一（営業）
https://www.kawade.co.jp/

ロゴ・表紙デザイン　粟津潔
本文フォーマット　佐々木暁
本文組版　株式会社ステラ
印刷・製本　中央精版印刷株式会社

Printed in Japan ISBN978-4-309-41815-5

戦後史入門

成田龍一　41382-2

「戦後」を学ぶには、まずこの一冊から！　占領、55年体制、高度経済成長、バブル、沖縄や在日コリアンから見た戦後、そして今——これだけは知っておきたい重要ポイントがわかる新しい歴史入門。

東京裁判の全貌

太平洋戦争研究会〔編〕　平塚柾緒　40750-0

戦後六十年——現代に至るまでの日本人の戦争観と歴史意識の原点にもなった極東国際軍事裁判。絞首刑七名、終身禁固刑十六名という判決において何がどのように裁かれたのか、その全経過を克明に解き明かす。

太平洋戦争全史

太平洋戦争研究会　池田清〔編〕　40805-7

膨大な破壊と殺戮の悲劇はなぜ起こり、どのような戦いが繰り広げられたか——太平洋戦争の全貌を豊富な写真とともに描く決定版。現代もなお日本人が問い続け、問われ続ける問題は何かを考えるための好著。

日中戦争の全貌

太平洋戦争研究会〔編〕　森山康平　40858-3

兵力三百万を投入し、大陸全域を戦場にして泥沼の戦いを続けた日中戦争の全貌を詳細に追った決定版。盧溝橋事件から南京、武漢、広東の攻略へと際限なく進軍した大陸戦を知る最適な入門書。

第二次世界大戦

上山春平／三宅正樹　47182-2

第二次世界大戦の見えにくい原因を、ベルサイユ体制から明解に分析し、枢軸側は「悪玉」であり、連合国側は「善玉」であるという通念を破る大戦原因論の鋭説。ここに国際政治力学のダイナミズムがある！

第二次世界大戦　1

W·S·チャーチル　佐藤亮一〔訳〕　46213-4

強力な統率力と強靭な抵抗精神でイギリス国民を指導し、第二次世界大戦を勝利に導き、戦時政治家としては屈指の能力を発揮したチャーチル。抜群の記憶力と鮮やかな筆致で、本書はノーベル文学賞を受賞。

第二次世界大戦　2

W･S･チャーチル　佐藤亮一〔訳〕　46214-1

史上類を見ない規模の世界大戦という歴史の表舞台に直接参加し、いかに歴史を変え、いかに戦い抜いたかを、リアルに記録した最も信頼すべき最高の資料。第二巻は、独軍の電撃進攻と孤立した英国の耐久戦。

第二次世界大戦　3

W･S･チャーチル　佐藤亮一〔訳〕　46215-8

勝利を疑わず不屈の意志で戦い抜く信念を国民に与え続けた指導者チャーチル。本巻では、枢軸国の猛攻の前に苦戦を強いられた連合国側に対して、カサブランカ会議やカイロ会議などで反抗の準備を主導する。

第二次世界大戦 4

W･S･チャーチル　佐藤亮一〔訳〕　46216-5

チャーチルの深い歴史観と透徹した眼差しが生み出す著作活動は、ノーベル賞受賞の本書によって結実した。第四巻は、ついに連合国側に戦局が転換し、史上最大のノルマンディー作戦から戦争終結までを描く。

特攻

太平洋戦争研究会〔編〕　森山康平　40848-4

起死回生の戦法が、なぜ「必死体当たり特攻」だったのか。二十歳前後の五千八百余名にのぼる若い特攻戦死者はいかに闘い、散っていったのかを、秘話や全戦果などを織り交ぜながら描く、その壮絶な全貌。

激闘駆逐艦隊

倉橋友二郎　41465-2

太平洋戦争南方戦線での、艦隊護衛、輸送の奮闘記。凉月では、砲術長として、大和海上特攻にも参加、悪戦苦闘の戦いぶりの克明詳細な記録である。

大日本帝国最後の四か月

迫水久常　41387-7

昭和二〇年四月鈴木貫太郎内閣発足。それは八・一五に至る激動の四か月の始まりだった——。対ソ和平工作、ポツダム宣言受諾、終戦の詔勅草案作成、近衛兵クーデター……内閣書記官長が克明に綴った終戦。

満州帝国

太平洋戦争研究会〔編著〕　40770-8

清朝の廃帝溥儀を擁して日本が中国東北の地に築いた巨大国家、満州帝国。「王道楽土・五族協和」の旗印の下に展開された野望と悲劇の四十年。前史から崩壊に至る全史を克明に描いた決定版。図版多数収録。

東京プリズン

赤坂真理　41299-3

16歳のマリが挑む現代の「東京裁判」とは？　少女の目から今もなおこの国に続く『戦後』の正体に迫り、毎日出版文化賞、司馬遼太郎賞受賞。読書界の話題を独占し“文学史的事件”とまで呼ばれた名作！

ユダヤ人の歴史

レイモンド・P・シェインドリン　入江規夫〔訳〕　46376-6

ユダヤ人の、世界中にまたがって繰り広げられてきた広範な歴史を、簡潔に理解するための入門書。各時代の有力なユダヤ人社会を体系的に見通し、その変容を追う。多数の図版と年譜、索引、コラム付き。

私はガス室の「特殊任務」をしていた

シュロモ・ヴェネツィア　鳥取絹子〔訳〕　46470-1

アウシュヴィッツ収容所で殺されたユダヤ人同胞たちをガス室から搬出し、焼却棟でその遺体を焼く仕事を強制された特殊任務部隊があった。生き残った著者がその惨劇を克明に語る衝撃の書。

戦場から生きのびて

イシメール・ベア　忠平美幸〔訳〕　46463-3

ぼくの現実はいつも「殺すか殺されるかだった」。十二歳から十五歳までシエラレオネの激しい内戦を戦った少年兵士が、ついに立ち直るまでの衝撃的な体験を世界で初めて書いた感動の物語。

アメリカ大陸の明暗

今津晃　47176-1

新大陸発見に続く、先住民インディオへの収奪と駆逐のうえに築かれた、永遠の繁栄の神話の実体を冷徹な史眼で描ききる。巨視的な南北アメリカ全史を概観しながら、明暗の本質に迫る画期的試み。

韓国ナショナリズムの起源

朴裕河　安宇植〔訳〕　46716-0

韓国の歴史認識がいかにナショナリズムに傾いたかを1990年代以降の状況を追いながら、嫌韓でもなく反日でもなく一方的な親日でもない立場で冷静に論理的に分析する名著。

ロベスピエール／毛沢東　革命とテロル

スラヴォイ・ジジェク　長原豊／松本潤一郎〔訳〕　46304-9

悪名たかきロベスピエールと毛沢東をあえて復活させて最も危険な思想家が〈現在〉に介入する。あらゆる言説を批判しつつ、政治／思想を反転させるジジェクのエッセンス。独自の編集による文庫オリジナル。

ほんとうの中国の話をしよう

余華　飯塚容〔訳〕　46450-3

最も過激な中国作家が十のキーワードで読み解く体験的中国論。毛沢東、文化大革命、天安門事件から、魯迅、格差、コピー品まで。国内発禁！三十年の激動が冷静に綴られたエッセイ集。

アメリカ人はどうしてああなのか

テリー・イーグルトン　大橋洋一／吉岡範武〔訳〕　46449-7

あまりにブラック、そして痛快。抱腹絶倒、滑稽話の波状攻撃。イギリス屈指の毒舌批評家が、アメリカ人とアメリカという国、ひいては現代世界全体を鋭くえぐる。文庫化にあたり新しい序文を収録。

自由論

酒井隆史　41704-2

政治・経済・社会を貫くネオリベラリズムの生成過程を規律社会から管理社会へ移行する権力の編成としてダイナミックに描き出し、フーコー以降の政治社会論を根底から刷新する歴史的名著、待望の文庫化。

右翼と左翼はどうちがう？

雨宮処凛　41279-5

右翼と左翼、命懸けで闘い、求めているのはどちらも平和な社会。なのに、ぶつかり合うのはなぜか？　両方の活動を経験した著者が、歴史や現状をとことん嚙み砕く。活動家六人への取材も収録。

樺美智子、安保闘争に斃れた東大生

江刺昭子　41755-4

60年安保闘争に斃れた東大生・ヒロインの死の真相は何だったのか。国会議事堂に突入し22歳で死去し、悲劇のヒロインとして伝説化していった彼女の実像に迫った渾身のノンフィクション。

奥さまは愛国

北原みのり／朴順梨　41734-9

愛国思想を持ち、活動に加わる女性が激増している。彼女たちの動機は何か、社会に何を望み、何を守ろうとしているのか？　フェミニストと元在日韓国人三世が、愛国女性たちの現場を訪ね、その実相に迫る。

天皇と日本国憲法

なかにし礼　41341-9

日本国憲法は、世界に誇る芸術作品である。人間を尊重し、戦争に反対する。行動の時は来た。平和への願いを胸に、勇気を持って歩き出そう。癌を克服し、生と死を見据えてきた著者が描く人間のあるべき姿。

皇室の祭祀と生きて

髙谷朝子　41518-5

戦中に十九歳で拝命してから、混乱の戦後、今上陛下御成婚、昭和天皇崩御、即位の礼など、激動の時代を「祈り」で生き抜いた著者が、数奇な生涯とベールに包まれた「宮中祭祀」の日々を綴る。

日本

姜尚中／中島岳志　41104-0

寄る辺なき人々を生み出す「共同体の一元化」に危機感をもつ二人が、日本近代思想・運動の読み直しを通じて、人々にとって生きる根拠となる居場所の重要性と「日本」の形を問う。震災後初の対談も収録。

一冊でつかむ日本史

武光誠　41593-2

石器時代から現代まで歴史の最重要事項を押さえ、比較文化的視点から日本の歴史を俯瞰。「文明のあり方が社会を決める」という著者の歴史哲学を通して、世界との比較から、日本史の特質が浮かび上がる。

死刑のある国ニッポン

森達也／藤井誠二　41416-4

「知らない」で済ませるのは、罪だ。真っ向対立する廃止派・森と存置派・藤井が、死刑制度の本質をめぐり、苦悶しながら交わした大激論！　文庫化にあたり、この国の在り方についての新たな対話を収録。

ちゃんとわかる消費税

斎藤貴男　41710-3

政治家の嘘、黙り込みを決めたマスコミ、増税を活用する大企業によって隠された消費税の恐るべき真実。その仕組みを一からわかりやすく解き明かし、消費税の危険性を暴き出す。武田砂鉄氏との対談を収録。

池上彰の　あした選挙へ行くまえに

池上彰　41459-1

いよいよ18歳選挙。あなたの１票で世の中は変わる！　選挙の仕組みから、衆議院と参議院、マニフェスト、一票の格差まで――おなじみの池上解説で、選挙と政治がゼロからわかる。

身ぶりとしての抵抗　鶴見俊輔コレクション2

鶴見俊輔　黒川創〔編〕　41180-4

戦争、ハンセン病の人びととの交流、ベ平連、朝鮮人・韓国人との共生……。鶴見の社会行動・市民運動への参加を貫く思想を読み解くエッセイをまとめた初めての文庫オリジナルコレクション。

私戦

本田靖春　41173-6

一九六八年、暴力団員を射殺し、寸又峡温泉の旅館に人質をとり籠城した劇場型犯罪・金嬉老事件。差別に晒され続けた犯人と直に向き合い、事件の背景にある悲哀に寄り添った、戦後ノンフィクションの傑作。

宮武外骨伝

吉野孝雄　41135-4

あらためて、いま外骨！　明治から昭和を通じて活躍した過激な反権力のジャーナリスト、外骨。百二十以上の雑誌書籍を発行、罰金発禁二十九回に及ぶ怪物ぶり。最も信頼できる評伝を待望の新装新版で。

「噂の眞相」トップ屋稼業　スキャンダルを追え！

西岡研介　40970-2

東京高検検事長の女性スキャンダル、人気タレントらの乱交パーティ、首相の買春検挙報道……。神戸新聞で阪神大震災などを取材し、雑誌「噂の眞相」で数々のスクープを放った敏腕記者の奮闘記。

複眼で見よ

本田靖春　41712-7

戦後を代表するジャーナリストが遺した、ジャーナリズム論とルポルタージュ傑作選。権力と慣例と差別に抗った眼識が、現代にも響き渡る。今こそ読むべき、豊穣な感知でえぐりとった記録。

昭和を生きて来た

山田太一　41442-3

平成の今、日本は「がらり」と変ってしまうのではないか？　そのような恐れも胸に、昭和の日本や家族を振りかえる。戦争の記憶を失わない世代にして未来志向者である名脚本家の名エッセイ。

伝説の編集者　坂本一亀とその時代

田邊園子　41600-7

戦後の新たな才能を次々と世に送り出した編集者・坂本一亀は戦後日本に何を問うたのか？　妥協なき精神で作家と文学に対峙し、〈戦後〉という時代を作った編集者の軌跡に迫る評伝の決定版。

日航123便　墜落の新事実

青山透子　41750-9

墜落現場の特定と救助はなぜ遅れたのか。目撃された戦闘機の追尾と赤い物体。仲間を失った元客室乗務員が執念で解き明かす渾身のノンフィクション。ベストセラー、待望の文庫化。事故ではなく事件なのか？

東京震災記

田山花袋　41100-2

一九二三年九月一日、関東大震災。地震直後の東京の街を歩き回り、被災の実態を事細かに刻んだルポルタージュ。その時、東京はどうだったのか。歴史から学び、備えるための記録と記憶。